Robert Knoll

# Sachkundeprüfung 34a GewO

## Prüfung im Bewachungsgewerbe erfolgreich bestehen

## Über 110 Eignungstest-Aufgaben mit Lösungen zum Üben

Gewerberecht, Bewachungsverordnung, Strafrecht, Datenschutz

**Herausgeber:**
Plakos GmbH
Vertretungsberechtigter Geschäftsführer: Waldemar Erdmann
Sitz: Willy-Brandt-Allee 31 B, 23554 Lübeck

**Website und Kontakt**:
www.plakos-akademie.de
E-Mail: support@plakos.de

Facebook: plakosDE
YouTube: Plakos Akademie
Instagram: plakos_akademie
TikTok: plakos_akademie



**Bildnachweis Cover:**
© Andrey Popov, # 314672886, stock.adobe.com

Sonstige Abbildungen im Buch wurden von Plakos erstellt.

ISBN: **978-3-985256-63-1**

# Sachkundeprüfung 34a GewO erfolgreich bestehen

Die Plakos GmbH hat bereits tausende Bewerber mit Büchern, Online-Kursen, Apps und Seminaren auf Einstellungstests und Assessment Center vorbereitet. Die angesehenen Online-Tests von Plakos wurden millionenfach absolviert. Dieses Buch dient zur umfassenden Vorbereitung auf die Sachkundeprüfung 34a GewO.

**Dein Feedback ist uns wichtig!**

Sollten dir Fehler in diesem Buch auffallen oder solltest du unzufrieden mit den Inhalten oder einem unserer Produkte sein, so schreibe uns gerne eine E-Mail an support@plakos.de. Wir antworten schnellstmöglich! Antworten auf häufig gestellte Fragen findest du auf der Webseite plakos-akademie/kundenservice/.

**Hinweis**: Aus Gründen der Lesefreundlichkeit wird weitgehend auf Gendering verzichtet. Die gewählte Personenform gilt wertfrei für beide Geschlechter.

1. Auflage
Robert Knoll

# Danksagung

Unser Dank gilt vor allem den Bewerbern und Bewerberinnen, die mit ihren zahlreichen Zuschriften, Erfahrungsberichten und Verbesserungsvorschlägen dieses Buch erst möglich gemacht haben. Vielen Dank für eure Kommentare und Nachrichten auf YouTube und Facebook und anderen Kanälen!

Außerdem bedanken wir uns bei allen internen und externen Mitarbeitern und Mitarbeiterinnen, welche einen wesentlichen Anteil an diesem Buch hatten. Dazu gehören insbesondere Annika Miersen, Anna Krohn und Stephan Guerra Soleto.

# Inhaltsverzeichnis

# Über den Autor

**Robert Knoll** ist seit 2011 im Sicherheitsgewerbe tätig. Angefangen hat er mit Aufträgen in der Baustellenbewachung sowie im Sicherheitsdienst im Nachtleben, in dem er neben der Fachoberschule eher zufällig hineingerutscht ist.
Da er ebendiesen vielfältigen Aufgabenbereich als sehr spannend empfand, entschloss er sich nach erfolgreich abgelegter Sachkundeprüfung § 34a GeWo im Jahr 2012 eine duale Berufsausbildung zur Fachkraft für Schutz und Sicherheit zu absolvieren. Die Ausbildung erfolgte von 2013 - 2016. In dieser Zeit hat er viel Erfahrung im Objekt- und Werkschutz sowie im Revierdienst gesammelt.
Zu etwa diesem Zeitpunkt traf er seinen heutigen Trainer, der ihn wieder für den Kampfsport begeisterte und bei dem er bis heute trainiert.
Mittlerweile ist Robert Knoll neben seinem Hauptberuf als Waffenträger im ÖPNV auch als Ausbilder in den Bereichen Sachkundeprüfung § 34a GeWo, Waffensachkunde und Einsatztraining tätig.
Aktuell arbeitet Robert Knoll an seinem Abschluss zum Meister für Schutz und Sicherheit.

# Vorwort

Das Ziel dieses Buches ist es, die wesentlichen Punkte der Sachkundeprüfung § 34a GewO aufzuzeigen sowie Basiswissen für die Ausübung im Bereich Sicherheitsdienst zu schaffen. Hinweis des Autors: Auf Unnötiges wurde bewusst verzichtet sowie viel Inhalte möglichst einfach dargestellt.

Dieses Buch entstand in enger Kooperation mit der Breuer ESP UG (haftungsbeschränkt) und dem Team der Plakos GmbH.

## Optimale Vorbereitung auf die Sachkundeprüfung 34a GewO

Wie bei einer Schul- oder Abschlussprüfung kannst du dich durchaus auf die Sachkundeprüfung 34a GewO vorbereiten. Zunächst einmal hilft dir eine breite Allgemeinbildung weiter. Je nach Einsatzgebiet kommt zudem ein spezieller Prüfungsbereich dazu.

Neben den Aufgaben aus der eigentlichen Prüfung sind die sogenannten Soft Skills ebenfalls nicht zu vernachlässigen. Diese spielen bei der Eignung für einen Beruf eine zunehmend wichtige Rolle. Kommunikation, Auftreten und die Körpersprache sind daher ebenfalls nicht zu vernachlässigen.

All diese Themen lassen sich üben und erlernen. In diesem Buch findest du zahlreiche Übungen, mit denen du dich ganz konkret auf diese spezielle Prüfung vorbereiten kannst. Wichtig ist hierbei, dass du alle relevanten Themen und Aufgaben sorgfältig durcharbeitest.

Für eine verbesserte kritische Selbstreflexion der Ergebnisse haben wir Lösungsansätze für die schwierigsten Aufgaben beigefügt.

Online-Bewerber-Training

# Bestehe deinen Einstellungstest mit der Plakos-Einstellungstest-App!

**Zahlreiche interaktive Aufgaben, Übungen und Lösungen**

**Im Google Play-Store und im AppStore von Apple erhältlich**

**Einfache Navigation zwischen allen Lektionen, Themen und Tests**

Bestehe deinen Einstellungstest mit der Plakos-Einstellungstest-App! Mit der Plakos-App hebst du deine Einstellungstest-Vorbereitung auf ein neues Level! Du profitierst von Lösungswegen und ausführlichen Erklärungen zu jeder Aufgabe. Am Ende bekommst du eine Auswertung deiner Ergebnisse. Sichere dir jetzt deinen Vorteil gegenüber anderen Mitbewerbern! Wähle die gewünschte Berufsgruppe aus und melde dich mit deinen Zugangsdaten aus dem Mitgliederbereich der Plakos Akademie an. Es werden dir dann die passenden Übungen für den Einstellungstest angezeigt.

# Plakos-Online-Testtrainer – die optimale Vorbereitung für dich!

Strukturierter Ablauf, Lösungswege und Kernfortschrittsanzeigen

Kurse und Lektionen abgestimmt auf den jeweiligen Beruf

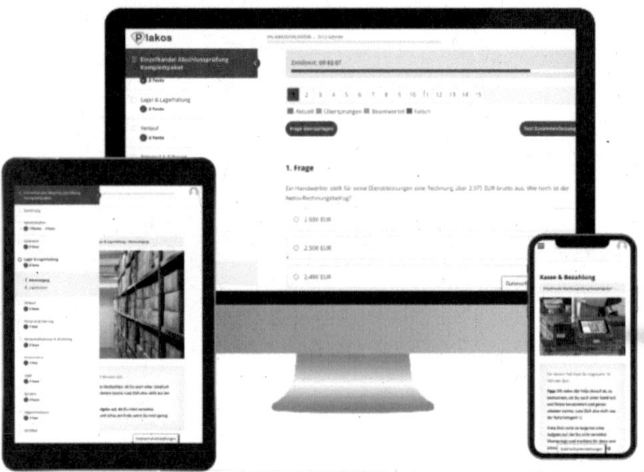


Lern- und Erklärvideos sowie Experten-Tipps

**Lebenslanger Zugriff auf zahlreiche interaktive Aufgaben, Übungen und Lösungen**

**Online vom PC, Smartphone oder Tablet zugreifen**

**Videokurse, Erfahrungsberichte, Podcasts inklusive**

Tausende Bewerber üben jährlich ganz konkret mit den Plakos-Online-Testtrainings. Sie gehen anschließend mit mehr Selbstbewusstsein und Wissen in ihr Auswahlverfahren.
Die Online-Testtrainer gibt es in verschiedenen Preiskategorien für zahlreiche Berufe wie zum Beispiel im öffentlichen Dienst, im Bereich Gesundheit, Pflege und Soziales oder für technische und kaufmännische Berufe.

Da du bereits dieses Buch erworben hast, möchten wir dir an dieser Stelle einen **Gutschein für unsere Online-Programme in Höhe von 15 Euro** schenken. Die folgende Kurzanleitung beschreibt dir, wie du den Gutschein einlösen kannst:

1. Öffne den Browser auf deinem Smartphone, Tablet oder deinem Desktopcomputer.
2. Scanne den QR-Code oder gib die folgende URL in die Adresszeile ein oder: plakos-akademie.de/produkt/app-testtrainer-vollversion-15/

3. Mit dem Produkt „Testtrainer App" hast du Zugriff auf fünf unserer Kurse: Testtrainer, Allgemeinwissen, Konzentration, Logik und Sprache.
4. Gib am Ende des Bestellprozesses den folgenden Gutscheincode ein. Bitte beachte, dass mit dem Gutscheincode in der Testtrainer App nicht alle Plakos-Akademie-Kurse freischaltet sind.

**buchrabatt15**

Bei Fragen kannst du gerne eine E-Mail an support@plakos.de senden. Antworten auf häufig gestellte Fragen findest du der Webseite plakos-akademie.de/kundenservice/. Eine Übersicht zu allen Lern-Apps von Plakos findest du unter plakos-akademie.de/kundenservice-apps/.

# Recht der öffentlichen Sicherheit und Ordnung

## Was ist Recht?

**Merksatz: Unter *Recht* versteht man die „Gesamtheit aller Rechtssätze".**

Hierbei sind sämtliche rechtlichen Normierungen eines Staates gemeint. Folgend geht es ausschließlich um rechtliche Regelungen in Deutschland.

Hierunter fallen:

- **Gesetze** wie zum Beispiel das Grundgesetz (GG), das Bürgerliche Gesetzbuch (BGB), das Strafgesetzbuch (StGB), die Gewerbeordnung (GewO) und einige weitere
- **Verordnungen** wie zum Beispiel die Bewachungsverordnung (BewachV)
- **Satzungen** zum Beispiel von Gemeinden oder Landratsämtern
- **Rechtsprechung** (Gerichtsurteile)
- **Gewohnheitsrecht** (Beispiel: Findet bei Schichtwechsel eine Übergabe unter den ablösenden Kollegen statt, wird diese nur einem der beiden Mitarbeiter bezahlt.)

Die oben aufgeführte Liste ist hierarchisch aufgebaut. Das bedeutet, dass keine Vorschrift gegen eine höherwertige verstoßen darf. Beispiel: Eine Satzung einer Gemeinde verstößt gegen das Grundgesetz (GG). Die Satzung wäre damit nichtig, da das Grundgesetz höherwertig ist.

## Rechtsarten

Es wird grundsätzlich zwischen zwei verschiedenen Rechtsarten unterschieden:

**Öffentliches Recht (ÖR)**: Das Öffentliche Recht regelt das *Rechtsverhältnis zwischen dem Staat und den Bürgern*. Es besteht ein *Über-Unterordnungsverhältnis*.

Beispiele:

- Strafrecht: Dem Bürger wird auf Grundlage des StGB eine Strafe auferlegt.
- Gewerberecht: Der Staat regelt die Bedingungen zum Ausüben eines Gewerbes.
- Waffenrecht: Der Staat regelt den Umgang mit Waffen.

**Privates Recht (PR):** Das Private Recht (auch Zivilrecht oder Bürgerliches Recht genannt) regelt rechtliche Beziehungen zwischen den Bürgern. Hierbei kann der Bürger aber auch eine „juristische Person" (z.B. eine private Firma) sein.

Beispiele:

- Arbeitsrecht
- Kaufrecht
- Mietrecht
- Familienrecht

Im PR sind die Parteien *gleichberechtigt*.

Beispiel: Wenn zwei private Personen die Konditionen eines Kaufvertrags aushandeln, kann keiner den anderen zu etwas zwingen.

AUSNAHME: Der Staat kann unter Umständen als „private Person/juristische Person" auftreten, wenn ein Beauftragter (z. B. Mitarbeiter eines Amtes) Gegenstände erwirbt (bspw. Büroausstattung).

## Differenzierung zwischen öffentlichen und privaten Institutionen

Einzelne Personen handeln für den Staat (z.B. Polizisten). Sie handeln hier in Ausübung ihres Amtes nicht als private Person, sondern handeln **hoheitlich** (**obrigkeitlich**). Der Beamte handelt hierbei im Rahmen der vorgegebenen Vorschriften (hier unter anderem Polizeiaufgabengesetz; PAG). Dies bedeutet auch, dass der beispielhafte Beamte nicht nur Pflichten erfüllt, sondern auch gewisse Rechte in Anspruch nehmen darf, wenn die Situation dies erfordert (bspw.: Anwendung von Zwang).

Da man das sogenannte „Faustrecht" in einem Rechtsstaat nicht zulassen kann, liegt das **Gewaltmonopol** beim Staat. Im Klartext bedeutet dies, dass Gewalt *grundsätzlich* nur vom Staat angewendet werden darf. Möchte ein Bürger sein Recht durchsetzen, hat er sich an die entsprechenden Stellen zu wenden (z. B. Arbeitsgericht)

AUSNAHME: Verteidigt sich Person A gegenüber Person B in Notwehr, handelt A trotzdem nicht hoheitlich, sondern gemäß den sogenannten „Jedermannsrechten". Keiner von beiden hat hierbei mehr Rechte als der andere. Dies gilt gleichermaßen für Mitarbeiter eines Sicherheitsdienstes (Handelsgrundlage → HAUSRECHT).

Die Aufgabenverteilung der Polizei ist Ländersache. Das bedeutet, dass jedes Bundesland einzeln für die Polizeigesetze zuständig ist und ihre eigenen Schwerpunkte setzt. Das ausführende Sicherheitsorgan „Polizei" nimmt die **Wahrung der Sicherheit und Ordnung** lediglich in **öffentlichen Bereichen** wahr. Im privaten Bereich wird die Polizei nur tätig, wenn ein Vorfall für die Öffentlichkeit relevant ist (Straftat).

**Private Sicherheitsdienste** decken folglich also **nicht öffentliche Bereiche** (*private Bereiche*) ab und sorgen dort für die Aufrechterhaltung der Sicherheit und Ordnung.

**Ergebnis:** Die Kompetenzbereiche der privaten als auch öffentlichen Sicherheit überschneiden sich *grundsätzlich* nicht. Beide haben ihre speziellen Rechte und Pflichten sowie Einsatzbereiche. Grundsätzlich bedeutet hier allerdings, dass Überschneidungen möglich sind (siehe Polizei im privaten Bereich)

## Das Grundgesetz

**Grundrechte:** Die Grundrechte wurden geschaffen, um den einzelnen Bürger vor dem Staat zu schützen. Es sollen ungerechtfertigte Eingriffe in die Rechte der Bürger ausgeschlossen werden (z. B. Hausdurchsuchung durch die Polizei). Dies hat allerdings enorme Bedeutung für die rechtliche Beziehung der Bürger untereinander (*Drittwirkung*). Demnach darf auch ein Sicherheitsmitarbeiter die Grundrechte eines anderen einschränken (z. B. verletzen).

Wir werden nun auf die wichtigsten Artikel des Grundgesetzes eingehen:

Art. 1 GG: Menschenwürde
**Die Menschenwürde ist unantastbar**.
Herabwürdigungen wären beispielsweise:

- öffentliche Bloßstellung
- Diskriminierung aufgrund von Rasse, Religion oder körperlichen Gebrechen
- körperliche Kontrolle durch Personen anderen Geschlechts

**Merke:** Menschenwürde hat ein Mensch von Beginn an. Sie muss nicht übertragen werden. Sie kann von niemandem genommen werden.

Art. 2 GG enthält:

- Recht auf **freie Entfaltung der Persönlichkeit**: Jeder darf tun und lassen, was er möchte, solange er andere in ihren Rechten nicht einschränkt und nicht gegen Gesetze verstößt.
- Recht auf **Leben**: Keine Todesstrafe, Tötung eines Menschen ist strafbar – jeder darf leben.
- Recht auf **körperliche Unversehrtheit**: Körperverletzung ist strafbar, niemand darf einen anderen in seiner Gesundheit beeinträchtigen.
- Recht auf **Freiheit**: Niemand darf einen anderen in seiner Freiheit einschränken (AUSNAHME: Freiheitsentzug, Haftstrafe).

Art. 3 GG: Gleichheitsgrundsatz:
Alle Menschen sind gleich und sind **gleich zu behandeln.**

Art. 5 GG: Meinungs- und Pressefreiheit:
Jeder darf seine Meinung frei äußern. Dabei darf er gegen keine Gesetze verstoßen (bspw. §185 StGB – Beleidigung) oder die Rechte anderer verletzen.

Art. 10 GG: Brief-, Post- und Fernmeldegeheimnis
Briefe, Pakete, Telefax und alles, was dem gleichgestellt ist darf grundsätzlich weder vom Staat noch von Dritten gelesen, abgehört, abgefangen o.ä. werden.

Art. 12 GG: Berufsfreiheit
Jeder darf den Beruf ausüben, den er möchte. Allerdings kann der Staat hierfür Zugangsvoraussetzungen oder Beschränkungen vorgeben (Sachkundeprüfung §34a GewO für Ladendetektive).

Art. 13 GG: Unverletzlichkeit der Wohnung
Dieses Recht räumt dem Besitzer die freie Bestimmung ein, wer seinen privaten Bereich betreten darf und wer nicht. Anmerkung: Dieses Gesetz bildet die Basis für unsere häufigste Handlungsgrundlage – das Hausrecht.

Art. 14 GG: Eigentum wird gewährleistet, aber verpflichtet!
Jeder darf Eigentum haben, solange von diesem keine Gefahr für andere ausgeht. Beispiel: Jeder darf ein Haus besitzen. Geht allerdings von diesem Haus eine Gefahr (Einsturz) aus, ist der Besitzer verpflichtet, eine Instandsetzung oder entsprechende Maßnahmen durchzuführen.

Art 19 GG: Einschränkung von Grundrechten
Grundrechte dürfen nur auf Grundlage eines Gesetzes eingeschränkt werden. Beispiel: Haftstrafe aufgrund eines Paragrafen des Strafgesetzbuches (StGB)

Art. 104 GG: Zulässigkeit und Ausgestaltung der Freiheitsentziehung
Dieser Artikel schützt vor unzulässigem Freiheitsentzug. Jeder vorläufig Festgenommene muss spätestens am Tag nach der Festnahme einem Richter vorgeführt werden. Nur ein Richter hat über Fortführung eines Freiheitsentzugs zu entscheiden. Es müssen Gesetze und Formen beachtet werden.

## Private Public Partnership

Private Public Partnership (oder auch Private Public Relationship) beschreibt die Zusammenarbeit zwischen öffentlichen Sicherheitsbehörden und den privaten Sicherheitsdiensten. Hintergrund hierbei ist die Unterstützung der öffentlichen (staatlichen) Stellen.

Dies bedeutet zum Beispiel, dass etwa öffentliche Verkehrsmittel von privaten Sicherheitsunternehmen betreut werden oder auch Kontrollgänge in öffentlichen Bereichen von Wachdiensten durchgeführt werden.

Das Gewaltmonopol verbleibt weiterhin beim Staat. Die Mitarbeiter der Wachunternehmen handeln lediglich auf Grundlage der Jedermannsrechte sowie des Hausrechts.

Der Staat kann den privaten Sicherheitsunternehmen allerdings auch bedingt hoheitliche Aufgaben übertragen. Hierunter fallen zum Beispiel die Überwachung des ruhenden Verkehrs oder Zufahrtskontrollen zu öffentlichen Gebäuden.

## Aufgaben Grundverständnis zum Recht der öffentlichen Sicherheit und Ordnung

1. In welche drei "Gewalten" teilt sich unser Staat laut Grundgesetz auf?
a) Gerichte, Staatsanwaltschaft, Bundeswehr
b) Staat, Volk, Zeitung
c) Finanzamt, Gewerbeamt, Ordnungsamt
d) Exekutive, Legislative, Judikative

2. Welche Bereiche im Recht werden dem "privaten" Recht zugeordnet?
a) Gewerberecht
b) Handelsrecht
c) Ordnungsrecht
d) Arbeitsrecht

3. Was genau ermöglicht das "Opportunitätsprinzip" der Staatsanwaltschaft in Deutschland?
a) Einstellung des Strafverfahrens bei geringer Schuld nach Ermessensgebrauch durch die Staatsanwaltschaft
b) Zeugenfreie Rechtssprüche du die Staatsanwaltschaft im Gerichtsverfahren
c) Eröffnung eines Hauptverfahrens ohne Teilnahme der Staatsanwaltschaft
d) Freisprechung der Angeklagten aufgrund mangelnder Beweise durch die Staatsanwaltschaft

4. Was sind die grundsätzlichen Aufgaben der Polizei in Deutschland?
a) Abwehr von Gefahren für die öffentliche Sicherheit und Ordnung
b) Privater Personenschutz
c) Verhinderung von Personenaufständen
d) Verfolgung von Ordnungswidrigkeiten und Straftaten

5. Was ist ein Kennzeichnungsmerkmal des öffentlichen Rechts?
a) Das Prinzip der Gleichberechtigung zwischen Bürgern und Bürgerinnen
b) Das Prinzip der Gleichordnung zwischen Bürger und Staat
c) Das Prinzip der Über- und Unterordnung zwischen Staat und Bürger
d) Das Prinzip der Unter- und Überordnung von Staat und Ländern

6. Was beinhaltet das Grundgesetz?
a) Die wichtigsten Regeln der Straßenverkehrsordnung
b) Die Grundrechte für Industrie- und Handelsgewerbe
c) Die Vorschriften für zivile und verbeamtete Personen
d) Die rechtliche und politische Grundordnung der Bundesrepublik Deutschland

7. Wozu ist die Staatsanwaltschaft nach dem "Legalitätsprinzip" verpflichtet?
a) Bei besonderen Fällen ist die Staatsanwaltschaft verpflichtet die Legalität der Klage zu prüfen
b) Bei einem legalen Verfahren kann die Staatsanwaltschaft auch ohne Anhörung eine Festnahme aussprechen
c) Bei hinreichendem Tatverdacht ist die Staatsanwaltschaft verpflichtet, Anklage vor dem zuständigen Gericht zu erheben
d) Bei Kenntnis von dem Verdacht einer Straftat ist die Staatsanwaltschaft verpflichtet, ein Ermittlungsverfahren einzuleiten

8. Was trifft auf die Public-Private-Partnership-Kooperationen ("PPP-Kooperationen") zu?
a) "PPP-Kooperationen" zwischen privaten Sicherheitsunternehmen und Behörden (z.B. Polizei, Bundespolizei, BKA) sind uneinheitlich und regional sehr unterschiedlich geregelt
b) "PPP-Kooperationen" zwischen Polizei und privaten Sicherheitsdiensten beinhalten meistens einen gegenseitigen Informations- und Erfahrungsaustausch
c) "PPP-Kooperationen" zwischen Städtischen Institutionen und Privaten Unternehmen brauchen keine besonderen Regelungen
d) "PPP-Kooperationen" sind ein Zusammenschluss von mehreren privaten Sicherheitsdiensten und Sicherheitsunternehmen

9. Was bedeutet "staatliches Gewaltmonopol"?
a) Gewalt ist als äußerstes Mittel grundsätzlich den staatlichen Organen vorbehalten
b) Gewaltanwendung ist nur durch den Staat anzuwenden
c) Das Monopol der Sicherheit entspringt der rechtsstaatlichen Verpflichtung die Sicherheit aller Bürger zu garantieren
d) Gewaltanwendung durch Einzelne ist nur ausnahmsweise zulässig und auf Notsituationen beschränkt

10. Welche der folgenden Rechte werden auch als Ausnahmerechte bezeichnet?
a) Selbstjustiz
b) Vorläufige Festnahme durch Jedermann
c) Notwehr bzw. Nothilfe
d) Eigenmächtiges Handeln bei Vergeltung

11. Was kannst du hier den Grundrechten zuordnen?
a) Die Grundrechte lassen sich einteilen in Menschenrechte und Bürgerrechte
b) Das Sicherheitspersonal ist von den Grundrechten befreit
c) Die Grundrechte sind Abwehrrechte des Bürgers gegen staatliche Machtentfaltung
d) Die Grundrechte sind mehr als "Richtline" als ein "Gesetz" anzusehen

12. Welche wichtige Rechtsgrundlage leitet sich aus Artikel 13 und 14 GG (Grundgesetz) ab?
a) Recht auf Vergeltung
b) Recht auf Eigentum und Hausrecht
c) Notwehr und Nothilfe
d) Die Unantastbarkeit der Menschenwürde

13. Welche Pflichten können eindeutig dem öffentlichen Recht zugeordnet werden?
a) Ein Gewerbe anmelden
b) Die Garantenpflicht übernehmen
c) Versicherungsfristen einhalten
d) Entgeltfortzahlung bei Erkrankung

14. Was ist keine Aufgabe der Polizei?
a) Erteilung und Durchsetzung von Hausverboten
b) Amts- und Vollzugshilfe für andere Behörden
c) Schuldeneintreiber für private Institutionen
d) Bewachung von leerstehenden Objekten des öffentlichen Dienstes

15. Welche der nachfolgenden Grundrechte sind Menschenrechte?
a) Versammlungsfreiheit
b) Gleichheitsgrundsatz
c) Freiheit zu Wählen
d) Religionsfreiheit

## Lösungen: Aufgaben Grundverständnis zum Recht der öffentlichen Sicherheit und Ordnung

1. d)
2. b) und d)
3. a)
4. a) und d)
5. c)
6. d)
7. c) und d)
8. a) und b)
9. a) und d)
10. b) und c)
11. a) und c)
12. b)
13. a) und b)
14. a) und c) und d)
15. b) und d)

# Gewerberecht

## Gewerbeordnung

Die Gewerbeordnung (GewO) regelt die Ausübung eines Gewerbes. Ein Gewerbe wird folgendermaßen definiert:

*Ein Gewerbe betreibt, wer eine selbstständige, auf Dauer ausgelegte und auf Gewinn gerichtete Tätigkeit ausübt. Die Tätigkeit zählt nicht zu den freien Berufen wie Ärzte, Rechtsanwalt usw.*

Eine Selbstständigkeit ist dann vorhanden, wenn kein Arbeitsverhältnis vorliegt und man mehrere Auftraggeber hat. Ebenfalls handelt man nicht *weisungsgebunden* und betreibt eigene Werbung. Für uns ist der §34a GewO am relevantesten. Dieser regelt das Bewachungsgewerbe.

„Wer gewerbsmäßig Leben oder Eigentum fremder Personen bewachen will (Bewachungsgewerbe), bedarf der Erlaubnis der zuständigen Behörde. Die Erlaubnis kann mit Auflagen verbunden werden, soweit dies zum Schutz der Allgemeinheit oder der Auftraggeber erforderlich ist.“ (Quelle: Gewerbeordnung; GewO)

Im Weiteren regelt der §34a GewO Auflagen wie die Aufrechterhaltung einer Haftpflichtversicherung, Zuverlässigkeit des Sicherheitspersonals und andere Dinge.

## Anzeigepflicht nach §14 GewO

Möchte jemand ein Gewerbe selbstständig ausüben, so ist er gemäß §14 GewO verpflichtet, dies anzuzeigen.

Die Meldung erfolgt bei der jeweils zuständigen Behörde. Jegliche Änderung (Aufgabe des Betriebs, Verlegung des Betriebssitzes oder Zweck des Gewerbes) muss ebenfalls angezeigt werden.

Dies soll die Überwachung des Betriebs möglich machen.

## Auskunft und Nachschau gemäß §29 GewO

Die zuständige Behörde kann vom Gewerbetreibenden Auskünfte einfordern. Dies kann schriftlich oder mündlich geschehen.

Zu den Geschäftszeiten ist der zuständigen Behörde der Zutritt zu den Geschäftsräumen zum Zwecke der Prüfung und Besichtigung zu ermöglichen und die geforderten Unterlagen zur Einsicht vorzulegen.

Sollte „Gefahr im Verzug" sein, kann die Behörde auch außerhalb der Geschäftszeiten Zutritt fordern. Dieser ist zu ermöglichen.

## Bewachungsgewerbe gemäß §34a GewO

Der mitunter wichtigste Paragraf unserer Branche. Er regelt:

- Voraussetzungen zum Eröffnen eines Bewachungsgewerbes (sachkundig, Haftpflichtversicherung und andere)
- Bedingungen der Mitarbeiter (Qualifikation, einwandfreier Leumund) zur Beschäftigung

## Eröffnung eines Bewachungsgewerbes

**Definition Bewachung:** Wer fremdes Leben und/oder Eigentum gewerblich (also gegen Entgelt) bewacht, betreibt ein Bewachungsgewerbe.

Für die gewerbsmäßige Bewachung bedarf es einer **Erlaubnis** (sog.: Bewachungserlaubnis). Das Bewachungsgewerbe gehört somit zu den erlaubnispflichtigen Gewerben. Die Behörde prüft folglich folgende Kriterien vor der Erteilung der Erlaubnis:

- **Zuverlässigkeit**: Der Gewerbetreibende muss einen einwandfreien Leumund vorweisen können (→ keinen relevanten Eintrag im behördlichen Führungszeugnis). Hierzu wird aus dem Bundeszentralregister eine *unbeschränkte Auskunft* eingeholt.
- **Geordnete wirtschaftliche Verhältnisse**: Einträge im zentralen Vollstreckungsportal (Schuldnerverzeichnis) können zum Versagen der Erlaubnis führen.

- **Haftpflichtversicherung**: Eine entsprechende Haftpflichtversicherung muss vor Aufnahme des Betriebs abgeschlossen und nachgewiesen werden. Diese muss, solange der Betrieb besteht, aufrechterhalten werden.
- **Sachkundig**: Die Sachkundeprüfung gemäß §34a GewO muss vor der IHK abgelegt worden sein.

Anmerkung: Wenn Person A auf die Wohnung der Person B als Freundschaftsdienst aufpasst, erfolgt dies im Regelfall unentgeltlich. Selbst wenn A dem B eine Aufwandsentschädigung in finanzieller Form überreicht, ist dies nicht gewerbsmäßig, da es nicht auf Dauer und Gewinn gerichtet ist.

## Mitarbeiter des Bewachungsunternehmens

Für Angestellte eines Sicherheitsunternehmens gelten folgende Bedingungen:

- **Zuverlässigkeit/einwandfreier Leumund**: Der Mitarbeiter darf keine relevanten Einträge im behördlichen Führungszeugnis haben (Bsp.: Verurteilung wegen „gefährlicher Körperverletzung“ oder „Diebstahl“).
- **Qualifikation**: Der Mitarbeiter muss eine Unterrichtung über 40 Stunden vor einer Industrie- und Handelskammer nachweisen können.

Ausnahme zur Qualifikation:

- *höherwertiger Abschluss*:
  - Abschluss als Fachkraft für Schutz und Sicherheit
  - Werkschutzmeister
- *Abschluss mit Laufbahnprüfung*:
  - Mittlerer Polizeivollzugsdienst (auch der Bundespolizei) Mittlerer Justizvollzugsdienst
  - Mittlerer Zolldienst (mit Erlaubnis zum Führen einer Waffe)
  - Feldjäger der Bundeswehr

Oben genannte Personengruppen sind sowohl von der Unterrichtung als auch der Sachkundeprüfung gemäß §34a befreit.

## Sachkundeprüfung gemäß §34a GewO

Die Sachkundeprüfung wurde zum 01.01.2003 eingeführt.

Sinn der Prüfung war, Personal in öffentlichen Bereichen besonders zu qualifizieren. Daher wird die Sachkundeprüfung auch nur für spezielle Tätigkeiten gefordert:

- **Schutz vor Ladendieben**: Da dieser Bereich ein Konfliktpotenzial besitzt, müssen Ladendetektive sowie Door Men ausreichend qualifiziert sein.
- **Bewachung im Einlassbereich von gastgewerblichen Diskotheken**: Der klassische Türsteher. Er regelt den Einlass und übt somit Hausrecht aus. ANMERKUNG: Sollte der Türsteher direkt für die Diskothek (das Gastgewerbe) arbeiten, also einen Arbeitsvertrag mit der Diskothek selbst, benötigt er die Sachkundeprüfung nicht. Dies gilt lediglich, wenn der Türsteher für eine Sicherheitsfirma tätig ist oder gar selbstständig arbeitet.
- **Kontrollgänge im öffentlichen Verkehrsraum**: Hierunter fallen Tätigkeiten wie „Citystreifen" oder Sicherheitsaufgaben in öffentlich zugänglichen Einkaufszentren. Ebenso fällt der Schutz von Bahnhöfen hierunter. Man spricht von „tatsächlich öffentlichem Verkehr".
- **leitende Funktion in Asylunterkünften**
- **leitende Funktion bei Großveranstaltungen**

## Ordnungswidrigkeiten (§144 GeWo)

Wer ein Gewerbe ausübt, ohne dies anzuzeigen, handelt ordnungswidrig.

Hierbei ist egal, ob dies vorsätzlich oder fahrlässig geschieht. Jeder Verstoß gegen die Gewerbeordnung stellt ebenfalls eine Ordnungswidrigkeit dar.

## Aufgaben Grundverständnis Gewerberecht

1. Welche der folgenden Tätigkeiten erfordern die Ablegung der IHK- Sachkundeprüfung gemäß § 34a Gewerbeordnung?
a) Sicherheitsdienst für den Einzelhandel
b) Kontrollgänge im öffentlichen Verkehrsraum
c) Bewachung von leerstehenden Gebäuden
d) Sicherheitsdienst bei Designergeschäften

2. Durch welche Einrichtung (Institution) darf das Unterrichtungsverfahren gemäß § 34a Gewerbeordnung durchgeführt werden?
a) Akademie der Sicherheitsdienstkräfte
b) Hochschule für Sicherheitsmanagement
c) Zertifizierte Bildungseinrichtungen
d) Industrie- und Handelskammer

3. Für wen gelten die Bestimmungen nach § 34a Gewerbeordnung?
a) Polizeibeamte
b) Selbstständige Kaufhausdetektive
c) Aushilfen im Sicherheitsdienst
d) Angestellte des öffentlichen Dienstes

4. Welche der Personen aus den nachfolgenden Tätigkeitsbereichen des Sicherheitsgewerbes müssen immer ersichtlich einen Dienstausweis tragen?
a) Kaufhausdetektive
b) Personenschutz
c) Türsteher
d) Revierstreifendienste

5. Wer erteilt die Bewachungserlaubnis gemäß § 34a Gewerbeordnung?
a) Das Amt für Sicherheit
b) Die Gemeinde
c) Die zuständige Behörde
d) Die Bundespolizei

6. Wer ist von der IHK- Unterrichtung gemäß § 34a Gewerbeordnung (GewO) zur Durchführung von Bewachungsaufgaben befreit?
a) Polizeibeamte nach bestandener Laufbahnprüfung
b) Berufssoldaten mit mindestens 2 Jahren abgeschlossener Dienstzeit
c) Personen mit einem online Zertifikat von einem Privatunternehmen
d) Personen mit bestandener Sachkundeprüfung gemäß § 34a GewO

7. Mit welchen Maßnahmen muss der Gewerbetreibende rechnen, wenn er gegen die Gewerbeordnung (GewO) verstößt?
a) Freiheitsstrafe
b) Geldbuße
c) Gerichtskosten
d) Bewährungsstrafen
e) Gewerbeuntersagung

8. Welche der nachfolgenden "Berufsgruppen" gehören gemäß § 34a GewO zum Bewachungsgewerbe?
a) Private Detektive in Einkaufseinrichtungen
b) Türsteher als angestellte in Clubs
c) Sicherheitsmitarbeiter im Geld- und Werttransport
d) Freiwillige Helfer im Sicherheitsdienst bei Events wie Konzerten etc.

9. Für welche Tätigkeit ist die IHK- Unterrichtung nach § 34a GewO grundsätzlich vorgeschrieben?
a) Personenschutz
b) Revierwachdienste
c) Konzertwache
d) Parkhauswächter
e) Selbständige im Sicherheitsgewerbe
f) Wachpolizei

10. Wer ist hier von der Sachkundeprüfung gemäß § 34a GewO befreit?
a) Kaufhaus Detektiv
b) Revierdienstfahrer
c) Justizvollzugsbeamte
d) Servicekräfte für Schutz und Sicherheit

11. Welche Information ist im Bundeszentralregistergesetz (BZRG) geregelt?
a) Führungszeugnis
b) Unbeschränkte Auskunft
c) Gewerbeanmeldung
d) SCHUFA

12. Welche Verpflichtung bleibt auch nach dem Ausscheiden aus dem Sicherheitsunternehmen bestehen?
a) Wettbewerbs- und Konkurrenzverbot
b) Wahrung von Betriebsgeheimnissen
c) Krankmeldung bei Abwesenheit
d) Es bestehen keine weiteren Verpflichtungen, da man das Unternehmen verlässt

13. Wo ist eine Sachkundeprüfung nach § 34a im Bewachungsgewerbe nicht unbedingt notwendig?
a) Als Revierdienstfahrer
b) Tätigkeiten im Wert- und Geldtransportbereich
c) Selbständiger im Sicherheitsgewerbe mit einer GmbH
d) Selbstständige Tätigkeit als Ermittler im privaten

14. Wo bzw. bei wem musst du als Wachperson einen dienstlichen Waffengebrauch unverzüglich anzeigen?
a) Bei der Bundespolizei
b) Dem zuständigen Gewerbetreibenden
c) Dem Revierdienstleiter
d) Der zuständigen Polizeidienststelle
e) Der Staatsanwaltschaft

15. Welche Aussage zur IHK-Unterrichtung nach § 34a Gewerbeordnung ist korrekt?
a) Der Teilnehmer muss die deutsche Staatsbürgerschaft besitzen
b) Zur Teilnahme wird mindestens ein mittlerer Schulabschluss gefordert
c) Die Unterrichtung kann auch von nicht zertifizierten privaten Unternehmen erfolgen
d) Die Unterrichtung erfolgt mündlich durch eine Industrie- und Handelskammer (IHK)

## Lösungen: Aufgaben Grundverständnis Gewerberecht

| |
|---|
| 1. b) |
| 2. d) |
| 3. b) und c) |
| 4. c) und d) |
| 5. c) |
| 6. a) und d) |
| 7. b) und e) |
| 8. c) |
| 9. b) |
| 10. c) und d) |
| 11. a) und b) |
| 12. b) |
| 13. b) und d) |
| 14. b) und d) |
| 15. d) |

# Bewachungsverordnung

## Unterrichtungsverfahren (Abschnitt 2 §7 BewachV)

Die Unterrichtung umfasst nach näherer Bestimmung der Anlage 2 für alle Arten des Bewachungsgewerbes die fachspezifischen Rechte, Pflichten und Befugnisse folgender Sachgebiete:

- Recht der öffentlichen Sicherheit und Ordnung einschließlich Gewerberecht
- Datenschutzrecht
- Bürgerliches Gesetzbuch
- Straf- und Strafverfahrensrecht, Umgang mit Waffen
- Unfallverhütungsvorschrift Wach- und Sicherungsdienste
- Umgang mit Menschen, insbesondere Verhalten in Gefahrensituationen, Deeskalationstechniken in Konfliktsituationen sowie interkulturelle Kompetenz unter besonderer Beachtung von Diversität und gesellschaftlicher Vielfalt
- Grundzüge der Sicherheitstechnik

(Quelle: Bewachungsverordnung (BewachV)

## Sachkundeprüfung (Abschnitt 3 §9 BewachV)

Zweck der Sachkundeprüfung nach § 34a Absatz 1 Satz 3 Nummer 3 und Absatz 1a Satz 2 der Gewerbeordnung ist es, den Nachweis zu erbringen, dass die dort genannten Personen die für die **eigenverantwortliche Wahrnehmung der Bewachungsaufgaben** erforderlichen Kenntnisse über die dafür notwendigen rechtlichen Vorschriften und fachbezogenen Pflichten und Befugnisse sowie deren praktische Anwendung erworben haben.

Gegenstand der Sachkundeprüfung sind die in §7 in Verbindung mit Anlage 2 aufgeführten Sachgebiete; die Prüfung soll sich auf jedes der dort aufgeführten Gebiete erstrecken. (Quelle: Bewachungsverordnung A3 §9 Zweck und Gegenstand der Sachkundeprüfung)

Vereinfacht: Mit dem Ablegen der Prüfung wird nachgewiesen, dass der Mitarbeiter **eigenverantwortlich** und **rechtssicher** in Bereichen mit **tatsächlich öffentlichem Verkehr** arbeiten und agieren kann.

## Haftpflichtversicherung (§14 BewachV)

Die §§6 und 7 der BewachV regeln die Notwendigkeit der Haftpflichtversicherung. Der Gewerbetreibende muss für sich und seine Angestellten eine abschließen. Diese soll Schäden regulieren, die den Auftraggebern sowie Dritten bei der Durchführung der Bewachung entstehen können. Die Versicherung muss folgende Summen abdecken:

- Personenschäden: 1 Mio. €
- Sachschäden: 250.000 €
- Abhandenkommen bewachter Sachen: 15.000 €
- reine Vermögensschäden: 12.500 €

Anmerkung: Die o. g. Summen sind *Mindestsummen*. Der Gewerbetreibende kann die Summen jederzeit erhöhen. Er darf sie jedoch nicht unter die o. g. Grenzen reduzieren. Ebenso können „Fristen" mit den Auftraggebern vereinbart werden. Bsp.: Der Auftraggeber hat entstandene Schäden innerhalb von zwei Wochen zu melden. Ansonsten verfallen die Ansprüche.

## Dienstanweisung (§17 BewachV)

Der Gewerbetreibende hat eine Dienstanweisung zu erstellen. Diese muss inhaltlich folgende Merkmale aufweisen:

- Sicherheitsmitarbeiter sind keine Polizeibeamten (oder Hilfsbeamte) und üben keinerlei hoheitlichen Rechte aus.
- Regelung zum Führen von Einsatzmitteln: Hierunter fallen beispielsweise Schusswaffen, Hieb- und Stoßwaffen, Reizstoffsprühgeräte.
- Sollten Einsatzmittel zum Tragen kommen, muss die Nutzung unverzüglich der zuständigen Polizeidienststelle als auch dem Gewerbetreibenden gemeldet werden.

Jedem Mitarbeiter ist ein Abdruck der Dienstanweisung sowie eine Ausfertigung der Unfallverhütungsvorschrift Wach- und Sicherungsdienste (DGUV 23) auszuhändigen. Der Mitarbeiter bestätigt den Erhalt schriftlich.

Anmerkung: Man unterscheidet zwischen einer „Generaldienstanweisung" und einer „objektspezifischen Dienstanweisung". Eine objektspezifische Dienstanweisung enthält normalerweise eine Arbeitsanweisung, die speziell auf das entsprechende Objekt zugeschnitten ist. Diese wird vom Auftraggeber mit dem Gewerbetreibenden (oder Stellvertretern) abgesprochen und gemeinsam ausgearbeitet.

## Dienstausweis (§18 BewachV)

Jedem Sicherheitsmitarbeiter muss vom Gewerbetreibenden ein Dienstausweis ausgestellt werden. Dieser ist auf Verlangen der zuständigen Behörde vorzuzeigen. Der Ausweis muss folgende Merkmale aufweisen:

- Name und Vorname des Sicherheitsmitarbeiters
- Name und Anschrift des Bewachungsunternehmens
- Unterschrift des Sicherheitsmitarbeiters
- Unterschrift des Gewerbetreibenden (oder Vertreter, z.B. Geschäftsführer, Betriebsleiter mit Prokura)
- Lichtbild des Sicherheitsmitarbeiters
- Nummer des Eintrags aus dem Bewachungsregister für die Wachperson
- Personalkennziffer oder Personalnummer

Der Ausweis muss sich klar von amtlichen Ausweisen unterscheiden, darf nicht zu verwechseln sein und muss fortlaufend nummeriert werden (hier bietet sich die Personalnummer an). Der Mitarbeiter hat den Ausweis im Dienst sichtbar zu tragen.

Wachpersonen, welche in öffentlichen Bereichen tätig sind (Citystreifen, Türsteher), müssen ein Namensschild (alternativ eine Kennziffer) tragen und der Name des Gewerbetreibenden (Name der Firma) muss ebenso deutlich erkennbar sein. Dies gilt auch für leitende Mitarbeiter in Asylheimen und Großveranstaltungen.

## Dienstkleidung (§19 BewachV)

Die Dienstkleidung muss vom Gewerbetreibenden gestellt werden. Sie darf (ähnlich dem Dienstausweis) nicht mit Uniformen staatlicher Institutionen zu verwechseln sein (Polizei, Zoll, Bundeswehr etc.) Dies gilt auch für Abzeichen (Bsp.: Dienstgrade, Wappen von Behörden).

Es muss sichergestellt werden, dass Dritte die privaten Sicherheitskräfte sofort als solche erkennen und ihnen nicht versehentlich hoheitliche Rechte zuschreiben.

Wenn Wachpersonal in **umfriedetem Besitztum** (eingezäuntes Gelände oder Gebäude) agiert, muss dieses als Sicherheitsdienst zu erkennen sein. Dies soll verhindern, dass man Wachpersonal beispielsweise mit Einbrechern verwechselt.

## Buchführung und Aufbewahrung (§21 BewachV)

Der Gewerbetreibende muss für alles Unterlagen anlegen sowie auch Belege sammeln und geordnet aufbewahren. Die Pflicht zur Aufbewahrung gilt für:

- Bewachungsverträge: Name und Adresse des Auftraggebers, Inhalt des Auftrags sowie Datum des Abschlusses
- schriftliche Verpflichtungen des Personals: siehe „objektspezifische Dienstanweisung“
- Verpflichtung der Mitarbeiter zur Geheimhaltung
- Haftpflichtversicherungsnachweis
- Dienstanweisung (General/objektspezifisch)
- Qualifikationen der eingesetzten Mitarbeiter (Bsp.: Unterrichtungsnachweis)
- Zuverlässigkeit der eingesetzten Mitarbeiter (Führungszeugnis)
- Nachweis über die Meldung der Mitarbeiter bei der zuständigen Behörde (Bewachungsregister)
- schriftlicher Nachweis der Mitarbeiter über Erhalt von Dienstanweisung und DGUV 23
- Genehmigung für Schusswaffenträger sowie Dokumentation über den Einsatz von Schusswaffen und deren Anzeigepflicht

## Ordnungswidrigkeiten (§22 BewachV)

Wer gegen Vorschriften der BewachV verstößt, handelt ordnungswidrig. Auch hier gilt wieder: Ob vorsätzlich oder fahrlässig, spielt keine Rolle! Beispiele:

- Verstoß gegen die Geheimhaltung
- Beschäftigen von unzuverlässigen Personen
- Haftpflichtversicherung nicht ausreichend oder nicht aufrechterhalten
- nicht vorschriftsgemäße Meldung von Wachpersonen
- nicht vorschriftsgemäße Ausstellung eines Dienstausweises
- nicht vorschriftsgemäßes Tragen des Dienstausweises
- Verstoß gegen die Pflicht zur Aufbewahrung
- Verstoß gegen die Pflicht zur Anzeige
- Nicht sachgemäßer Umgang mit Waffen und Munition

Sollte es Fristen geben (Bsp.: Anzeigepflicht), sind diese ebenso wie die Form (Bsp.: Schriftform, Antragsform) dringend einzuhalten!

## Aufgaben Grundverständnis Bewachungsverordnung

1. Was muss ein Dienstausweis gemäß Bewachungsverordnung (BewachV) beinhalten?
a) Namen und Telefonnummer des Gewerbetreibenden
b) Namen und Vornamen des Unternehmens
c) Namen und Vornamen des Ausweisinhabers
d) Namen und Anschrift des Gewerbetreibenden

2. Welche Regelung muss eine Dienstanweisung gemäß Bewachungsverordnung enthalten?
a) Dienstanweisungen müssen den klaren Tagesablauf und die Schichteinteilung des Wachpersonals enthalten
b) Dienstanweisungen müssen den Hinweis enthalten, dass die Wachpersonen nicht die Eigenschaft und die Befugnisse (Handlungsmachten) eines Polizeibeamten besitzen
c) Dienstanweisungen müssen klare Regelungen zum Führen von Waffen sowie zur Anzeigepflicht bei Waffengebrauch enthalten
d) Dienstanweisungen müssen die besonderen Anforderungen des Wachpersonals bei Objektschutz enthalten

3. Was legt die Bewachungsverordnung bezüglich der Dienstkleidung des Wachpersonals grundlegend fest?
a) Wachpersonen, die eingefriedetes Besitztum in Ausübung ihres Dienstes betreten, müssen eine Dienstkleidung tragen
b) Die Dienstkleidung berechtigt das Wachpersonal jederzeit öffentliche Gebäude zu betreten
c) Die Dienstkleidung von Wachpersonal darf nicht mit amtlichen Uniformen verwechselt werden können
d) Der Besitz von Dienstkleidung ist für Sicherheitskräfte gesetzlich vorgeschrieben

4. Welche Maßnahmen kann die zuständige Behörde zur Überprüfung der Zuverlässigkeit von Wachpersonen/Schutzpersonal veranlassen?
a) Einholung von Informationen der Personen im näheren Umfeld
b) Einholung von SCHUFA Einträgen über den finanziellen Status
c) Einholung einer Stellungnahme der örtlich zuständigen Polizeibehörde
d) Einholung einer unbeschränkten Auskunft gemäß BZRG

5. Welche Wachpersonen haben nicht die Pflicht, ihren Dienstausweis oder ein Schild mit Ihrem Namen oder einer Kennnummer während des Dienstes sichtbar zu tragen?
a) Sicherheitskräfte im Einzelhandel
b) Personenschutz
c) Wachkräfte des öffentlichen Dienstes
d) Kaufhausdetektive

6. Welche Unterlagen muss der Gewerbetreibende seinen Wachpersonen beim ersten Dienstantritt gegen Empfangsbescheinigung aushändigen?
a) Sozialversicherungsausweis
b) Dienstanweisung
c) DGUV Vorschrift 23
d) Mitgliedbescheinigung der Krankenkasse

7. Wozu ist ein Sicherheitsunternehmer nach der Bewachungsverordnung verpflichtet?
a) Er muss eine Haftpflichtversicherung abschließen
b) Er muss eine Berufsunfähigkeitsversicherung abschließen
c) Er muss sich privat Krankenversichern
d) Er muss eine Rechtsschutzversicherung abschließen

8. Welche Pflichten hat ein Bewachungsunternehmen gemäß DGUV V23 falls die versicherten Angestellten besonderen Gefahren bzw. Situationen ausgesetzt sind?
a) Training von sicherheitsgerechtem Verhalten
b) Zusätzliche Bonuszahlung für Sondereinsätze
c) Überwachung des Bewachungspersonals
d) Training zur Bekämpfung von Sondermaßnahmen

9. Welche schwerwiegenden Folgen können eine "Paniksituation" mit sich bringen?
a) Vergiftungsgefahr
b) Staudruckrisiko
c) Verbrennungsgefahr
d) Stolperrisiko

10. Welche der folgenden Maßnahmen dürfen von privaten Sicherheitskräften auch gegen den Willen der Betroffenen vorgenommen werden?

a) Festhaltung

b) Vernehmung

c) Aneignung des Besitztums

d) Festnahme

## Lösungen: Aufgaben Grundverständnis Bewachungsverordnung

| |
|---|
| 1. c) und d) |
| 2. b) und c) |
| 3. a) und c) |
| 4. c) und d) |
| 5. a) und d) |
| 6. b) und c) |
| 7. a) |
| 8. a) und c) |
| 9. b) und d) |
| 10. d) |

# Datenschutz

Am 25. Mai 2018 trat eine neue Verordnung zum Thema Datenschutz in Kraft. Die Datenschutzgrundverordnung (DSGVO). Das vorher gültige Bundesdatenschutzgesetz (BDSG) existiert nach wie vor und besitzt noch Gültigkeit. Da die DSGVO allerdings eine EU-Richtlinie ist, ist diese höhenwertig gegenüber dem BDSG. Für die Sachkundeprüfung wird daher nicht mehr das BDSG, sondern die DSGVO aufgearbeitet.

## Definition des Datenschutzes (DSGVO)

Die Datenschutzgrundverordnung (DSGVO) schützt den Einzelnen davor, dass mit seinen Daten falsch umgegangen wird (siehe Art. 1 DSGVO). Hierunter fällt. z. B. eine unerlaubte Veröffentlichung personenbezogener Daten. Man spricht hier vom Recht auf **„informationelle Selbstbestimmung"**. Dieses Recht basiert auf Art. 2 GG – freie Entfaltung der Persönlichkeit.

Dieser Schutz soll aber nicht nur einer einzelnen Person dienen, sondern auch Firmen, Vereinen und allen anderen „juristischen Personen" und gilt gleichermaßen für Behörden und sonstige öffentliche Stellen.

**Merke**: Die DSGVO schützt

- öffentliche Stellen: Behörden, Ämter, Gerichte
- nicht-öffentliche Stellen: Privatpersonen, einzelne Bürger

Begriffsdefinitionen nach der DSGVO:

- **Personenbezogene Daten**: Personenbezogene Daten sind einzelne Angaben einer bestimmten (einzelnen) Person (**Betroffener**). Hierunter fallen allgemeine Dinge wie Name, Adresse, Geburtstag, aber auch andere detailliertere Angaben wie Größe, Gewicht, Krankendaten.
- **Automatisierte Verarbeitung**: Hierunter versteht man die Erhebung, Verarbeitung oder Nutzung personenbezogener Daten mithilfe von Computern oder *Dateisystemen*.
- **Nicht automatisierte Verarbeitung**: Siehe „automatisierte Verarbeitung". Allerdings findet bei dieser Verarbeitungsform kein Computer Anwendung. Alles geschieht manuell, bspw. mit Papier und Stift, also ohne Dateisysteme.
- **Erheben**: Das Beschaffen von Daten über eine betroffene Person nennt man Erheben. Dies hat gemäß §4 BDSG grundsätzlich beim Betroffenen selbst zu geschehen (Ausnahmen möglich).

- **Verarbeiten**: Hierunter versteht man das Speichern, Verändern, Übermitteln und Löschen von personenbezogenen Daten.
- **Dateisysteme**: strukturierte Sammlungen von Daten

Anmerkung:

- Speichern: Archivieren von Daten auf Medien
- Verändern: Bsp.: Aktualisierung einer Adresse
- Übermitteln: Weitergabe an Dritte
- Löschen: Entfernen/Vernichten/Unkenntlichmachen von Daten (unwiederbringlich)

## Grundsätze der Datenverarbeitung

Art. 5 der DSGVO verpflichtet dazu, personenbezogene Daten wie folgt zu verarbeiten:

- auf rechtmäßige Weise
- für einen festgelegten und legitimen Zweck
- korrekt und aktuell (**sachlich richtig**)
- nur das Nötigste (**notwendiges Maß**)
- transparent verarbeitet

Anmerkung: Transparente Verarbeitung bedeutet in diesem Fall, dass ein Hinweis auf die Art und Weise der Verarbeitung sowie Dauer der Speicherung erfolgen muss.

Es muss zudem gewährleistet werden, dass die Daten nur so lange wie nötig gespeichert werden (**Speicherbegrenzung**) und vor Zugriffen unbefugter Dritter geschützt sind (**Vertraulichkeit**). Der Verantwortliche muss oben genannte Auflagen und deren Erfüllung nachweisen können (**Rechenschaftspflicht**).

Es gibt (gemäß §9 DSGVO) personenbezogene Daten, die grundsätzlich nicht erhoben werden dürfen. Darunter fallen Daten wie Religion, ethnische oder rassische Herkunft oder auch die Gewerkschaftszugehörigkeit.

## Rechtmäßigkeit der Datenverarbeitung (Art. 6 DSGVO)

Die DSGVO schreibt vor, dass mindestens eines der folgenden Kriterien erfüllt sein muss, um eine rechtmäßige Erhebung und Verarbeitung darzustellen:

- Die betroffene Person muss ihre **Einwilligung** zur Verarbeitung der Daten gegeben haben.
- Die Verarbeitung dient zur **Erfüllung eines Vertrags** (betroffene Person ist dabei Vertragspartner) oder ist zu vorvertraglichen Maßnahmen erforderlich.
- Die Verarbeitung ist zur Erfüllung einer **rechtlichen Verpflichtung** erforderlich.
- Die Verarbeitung ist zum **Schutz lebenswichtiger Interessen** erforderlich.

Anmerkung: Die Voraussetzungen können gemäß Art. 23 DSGVO durch höherwertigere Rechtsvorschriften eingeschränkt werden.

## Rechte der betroffenen Personen (Art. 12 DSGVO)

Die betroffene Person kann über die gespeicherten Daten jederzeit schriftlich **Auskunft** verlangen. Betroffene haben ein Recht auf Auskunft über:

- zu seiner Person gespeicherte Daten
- Ursprung/Herkunft der Daten
- Zweck der Speicherung
- an welche Dritten die Daten weitergegeben wurden

Weitere Rechte der Betroffenen finden sich in Kapitel 3 (Artikel 12–23) der DSGVO.

## Informationspflicht (Art. 13 DSGVO)

Art. 13 DSGVO beschreibt die *Informationspflicht bei Erhebung von personenbezogenen Daten bei der betroffenen Person*.

Dieser Artikel definiert, dass Zweck, Verarbeitung, Nutzung, Speicherdauer, Einwilligungswiderruf und weitere dem Betroffenen zum Zeitpunkt der Erhebung **mitzuteilen** sind.

## Technische und organisatorische Maßnahmen (Art. 24, 32 DSGVO)

Der Verantwortliche hat gemäß der Artikel 24 und 32 DSGVO **technische** und **organisatorische** Maßnahmen zu treffen, um die Daten gemäß den Vorlagen der DSGVO zu behandeln (Erheben, Verarbeiten etc.). Man spricht hier von einem „angemessenen Schutzniveau". Bsp.: Die Daten eines Online-Portals benötigen andere Schutzmaßnahmen als schriftlich verarbeitete Daten.

Sollten die Daten an einen Dritten weitergegeben werden, muss dieser besagte Dritte ebenfalls die Anforderungen der DSGVO erfüllen.

## Videoüberwachung öffentlich zugänglicher Räume (Art. 32 DSGVO)

Dieser Artikel bezieht sich auf den Einsatz von **Videokameras** in öffentlich zugänglichen Räumen (**öffentlich zugänglichem Privatgelände**). Die Videoüberwachung ist grundsätzlich zulässig, aber an Auflagen geknüpft:

- **Festgelegter Zweck**: Wahrung der Interessen oder des Hausrechts
- **Schutzwürdige Interessen** der Betroffenen dürfen nicht überwiegen.
- **Kennzeichnung** der Videoüberwachung: Vor dem Betreten des entsprechenden Raumes oder Geländes muss dies gut sichtbar gekennzeichnet sein.

Sollte der Zweck erfüllt sein, sind die Daten unverzüglich zu löschen (**Speicherfrist**).

Möchte man einen **öffentlichen Bereich** überwachen, benötigt man hier die Zustimmung der zuständigen Aufsichtsbehörde. Der Grund der Überwachung muss legitim sein.

## Meldung von Verletzungen des Schutzes personenbezogener Daten an die Aufsichtsbehörde (Art. 33 DSGVO)

Im Falle einer Verletzung des Schutzes personenbezogener Daten meldet der Verantwortliche unverzüglich und möglichst binnen 72 Stunden, nachdem ihm die Verletzung bekannt wurde, diese der zuständigen Aufsichtsbehörde, es sei denn, dass die Verletzung des Schutzes personenbezogener Daten voraussichtlich nicht zu einem Risiko für die Rechte und Freiheiten natürlicher Personen führt. Erfolgt die Meldung an die Aufsichtsbehörde nicht binnen 72 Stunden, ist ihr eine Begründung für die Verzögerung beizufügen.

## Datenschutzbeauftragter (Art. 37–39 DSGVO)

Bei Einführung der DSGVO wurde in den Art. 37–39 DSGVO geregelt, dass nun nicht mehr die Zahl der Personen, welche Zugriff auf die Daten haben, ausschlaggebend ist.

Vielmehr kommt es nun auf die Kerntätigkeit des Unternehmens an. Ist diese auf **Durchführung** von **Erhebungs- und Verarbeitungsvorgängen** ausgelegt, ist ein Datenschutzbeauftragter zu benennen.

Der Datenschutzbeauftragte muss aufgrund seiner Qualifikation als auch der fachlichen Kompetenz benannt werden und muss kein Mitarbeiter des jeweiligen Unternehmens sein. Es kann auch ein externer Mitarbeiter oder eine entsprechende Firma sein.

## Datenschutzbezogene Strafen und Sanktionen

Strafen bei Verstoß gegen die DSGVO sind mitunter im Strafgesetzbuch (StGB) geregelt.

Anwendung finden hier unter anderem:

- Verletzung der Vertraulichkeit des Wortes (§201 StGB)
- Verletzung des höchstpersönlichen Lebensbereichs durch Bildaufnahmen (§201a StGB)
- Verletzung des Briefgeheimnisses (§202 StGB)
- Ausspähen von Daten (§202a StGB)

Bei Verstoß kann ein materieller oder immaterieller Schaden entstehen. Hier besteht **Schadensersatzanspruch**. Dieser richtet sich nach Art und Höhe des entstandenen Schadens.

## Aufgaben Grundverständnis Datenschutz

1. Für wen gilt die Datenschutzgrundverordnung?
a) Weltweit
b) Für alle Staaten der EU
c) Nur für Deutschland
d) Sensible Daten

2. Für was steht die Abkürzung "DSGVO"?
a) Datenschutzgesetz
b) Datenschutzgrundverordnung
c) Datenschutzgrundverwaltungsordnung
d) Datenschutzverwaltungsgesetz

3. Für was steht die Abkürzung "BDSG"?
a) Berliner Datenschutzgesetz
b) Bundesland Datenschutzgesetz
c) Besonderer Datenschutz
d) Bundesdatenschutzgesetz4. Welches Datenschutzgesetzt ist höherwertiger?

a) BDSG
b) KDG
c) DSGVO
d) LDG5. Was regelt die "DSGVO" nicht?

a) Personenbezogene Daten
b) Verwaltung allgemeiner personenbezogener Informationen (Geburtstage, Adresse etc.)
c) Weitergabe von Daten an Dritte
d) Persönliche Daten auf dem eigenen PC

6. Welche der folgenden Dateierfassungsarten werden ebenfalls von der Datenschutzgrundverordnung erfasst?
a) Dateierfassung in Papierform (Verträge, Coronabestimmungen etc.)
b) Gelber Zettel am Kühlschrank mit einer privaten Festnetznummer
c) Erfassung personenbezogener Daten auf einem Flyer
d) Newsletter eines Unternehmens
e) E-Mail-Adresse auf einer Serviette
f) Eintragung in ein Restaurant mit "Vor- und Nachnamen"

7. Was sind personenbezogene Daten?
a) Name und Vorname
b) Eine Privatanschrift
c) Ein Firmenname
d) Eine Ausweisnummer
e) Eine Artikelnummer
f) Eine Cookie-Kennung
g) Handelsregisternummer
h) Anonymisierte Daten
i) Eine Unternehmens-E-Mail-Adresse
j) Eine IP-Adresse

8. Ab wann ist gemäß Bundesdatenschutzgesetz ein Datenschutzbeauftragter zu bestellen?
a) Bei nichtöffentlichen Stellen, wenn mind. 50 Personen Umgang mit der automatisierten Verarbeitung von personenbezogenen Daten haben.
b) Bei nichtöffentlichen Stellen, wenn mind. 10 Personen Umgang mit der automatisierten Verarbeitung von personenbezogenen Daten haben.
c) Bei öffentlichen Stellen, die eine automatisierte Verarbeitung von personenbezogenen Daten haben.
d) Bei Unternehmen, deren Schwerpunkt das "online Geschäft" ist.

9. Sind Verstöße gegen das Bundesdatenschutzgesetz Ordnungswidrigkeiten?
a) Nein, da es sich um eine "fiktive" Handlung handelt.
b) Ja, jeder Verstoß wird automatisch zur Anzeige gebracht.
c) Verstöße gegen das Bundesdatenschutzgesetz können auch Straftaten sein.
d) Je nach "Verstoß" kann es eine Ordnungswidrigkeit sein.

10. Was bedeutet „automatisierte Verarbeitung“?
a) Verarbeitung, Erhebung oder Nutzung personenbezogener Daten unter Einsatz von Datenverarbeitungsanlagen
b) Verarbeitung jeglicher personenbezogener Daten
c) Nur die Verarbeitung von personenbezogenen Daten unter Einsatz von Datenverarbeitungsanlagen
d) Verarbeitung von personenbezogenen Daten in "Papierform"

11. Was bedeutet „Datensicherheit"?
a) Datensicherheit befasst sich mit Dienstleistungen, die ein Sicherheitsunternehmen zum Schutz von Daten anbieten kann.
b) Datensicherheit umfasst nur Maßnahmen, die verhindern sollen, dass Daten durch Feuer oder Wasser beschädigt werden.
c) Datensicherheit befasst sich auch mit Maßnahmen, die verhindern sollen, dass Daten durch Staub und Alterung verloren gehen.
d) Datensicherheit umfasst alle Maßnahmen zum Schutz von Daten vor Verlust, Zerstörung oder Verfälschung.

12. Wo sollte bei einer Webseite der Datenschutz stehen?
a) Impressum
b) Kontakt
c) Über uns
d) Datenschutz
e) AGBs & Widerruf

## Lösungen: Aufgaben Grundverständnis Datenschutz

| |
|---|
| 1. b) |
| 2. b) |
| 3. d) |
| 4. c) |
| 5. d) |
| 6. a) und c) und d) und f) |
| 7. a) und b) und d) und f) |
| 8. b) und c) |
| 9. c) und d) |
| 10. a) |
| 11. c) und d) |
| 12.d) |

# Bürgerliches Recht

## Definition: Eigentümer/Besitzer/Besitzdiener

Der **Eigentümer** einer Sache kann grundsätzlich mit seiner Sache verfahren, wie er möchte und andere von jeglicher Wirkung auf die Sache ausschließen, da ihm die Sache nach rechtmäßigem Erwerb (Bsp.: Kauf) gehört. Also hat er die sogenannte **rechtliche Gewalt** (Bsp.: Vermieter einer Wohnung) über die Sache (→ § 903 BGB). Es ist möglich, dass mehrere Personen Eigentümer (sog. Miteigentümer) sind.

Der **Besitzer** einer Sache übt allerdings die **tatsächliche Gewalt** darüber aus. Dies bedeutet, er hat direkten Zugriff auf die besagte Sache (Bsp.: Wohnung). Hierbei ist unwichtig, ob der Besitzer die Gewalt rechtmäßig erworben hat (auch ein Dieb ist Besitzer!). Er kann die Sache z. B. stehlen oder auch finden (→ §854 BGB).

Der **Besitzdiener** wiederum übt mitunter die tatsächliche Gewalt an einer Sache aus, ist allerdings an folgende Punkte gebunden:

- Er **übt** die **Rechte** für den Besitzer (nicht den Eigentümer) **aus.**
  → Hausrecht
- arbeitet **weisungsgebunden** → Dienstanweisung
- ist s**ozial abhängig** → erhält Lohn für die Tätigkeit

Der Besitzdiener übt also die Rechte des Besitzers nach dessen Wunsch aus. Er kann entsprechend der Vorgaben unter anderem den Zutritt zu einem Gelände verweigern (Ausnahme: Sonderzugangsrecht für Behörden oder Entsprechendes).

Der Hausrechtsinhaber darf sich auf dem gesamten Gelände (Besitz) uneingeschränkt aufhalten.

Anmerkung: Unter Hausrecht versteht man das Recht, eine Person des Geländes (Besitz) zu verweisen oder den Zugang zu verwehren. Der Besitzdiener darf das Hausrecht nur so weit ausüben, wie es ihm übertragen wurde.

**Zusammenfassung**:

- Eigentümer: Eigentümer ist, wer die rechtliche Gewalt an einer Sache ausübt. Die rechtliche Gewalt wurde erworben.
- Besitzer: Besitzer ist, wer die tatsächliche Gewalt an einer Sache ausübt.

- Besitzdiener: Besitzdiener ist, wer im Auftrag des Besitzers handelt, weisungsgebunden arbeitet und sozial abhängig ist.

Anmerkung: Der Eigentümer kann auch Besitzer sein! Bsp.: Anton kauft einen Fußball und behält ihn. Er ist also zeitgleich Eigentümer und Besitzer. Verleiht Anton ihn aber an Charlie, ist Anton Eigentümer, aber Charlie Besitzer.

## Verbotene Eigenmacht (§ 858 BGB)

Eine vom Gesetz nicht gestattete Handlung nennt man **verbotene Eigenmacht**. Hierbei stört man den Besitz eines anderen. Dies kann auf zwei Arten geschehen:

- Besitzentzug: Bsp.: Diebstahl, Unterschlagung gemäß dem StGB
- Besitzstörung. Bsp.: Hausfriedensbruch gemäß dem StGB

## Selbsthilfe des Besitzers (§859 BGB)

Unter *Selbsthilfe des Besitzers* versteht man die rechtliche Möglichkeit, sich einer Besitzstörung zu erwehren.

Dies kann sogar mit Gewalt geschehen. Man spricht hier von **Besitzwehr** (Bsp.: Verhindern eines Diebstahls vor vollendeter Tat) und **Besitzerkehr** (Bsp.: wieder an sich bringen eines gestohlenen Fahrrads). Bei der Anwendung von Gewalt muss aber immer die **Verhältnismäßigkeit** der Mittel gewahrt bleiben.

Beispiel 1: A erwischt B dabei, wie er das Fahrrad des A klauen möchte. A schubst B vom Fahrrad zu Boden. B verletzt sich am Arm und flüchtet.
→ Verhältnismäßigkeit gewahrt

Beispiel 2: A erwischt B dabei, wie er das Fahrrad des A klauen möchte. A schubst B vom Fahrrad zu Boden und tritt noch einmal gegen den Brustkorb des B. B bleibt vor Schmerzen liegen. A nimmt sein Fahrrad an sich und geht davon.
→ Verhältnismäßigkeit nicht mehr gegeben, da die Gesundheit des B erheblich beeinträchtigt wurde und dies hätte vermieden werden können.

Merke: Nicht mit Kanonen auf Spatzen schießen! Immer das mildeste Mittel einsetzen.

## Selbsthilfe des Besitzdieners (§860 BGB)

Der § 860 BGB räumt dem Besitzdiener (weisungsgebunden und sozial abhängig) dieselben Rechte wie dem Besitzer ein.

Auch hier gilt der Grundsatz der **Verhältnismäßigkeit**!

## Schadensersatzpflicht / Unerlaubte Handlung (§§823 ff. BGB)

Wer einem anderen fahrlässig oder vorsätzlich einen Schaden verursacht, ist demjenigen zum Schadensersatz verpflichtet. Schaden kann an jedem Rechtsgut (*Leib, Leben, Eigentum, Gesundheit* oder sonstigem) entstehen.

Es gibt allerdings Gründe, warum ein Schadensersatzanspruch nicht entstehen kann. Befassen wir uns zunächst mit dem **Rechtfertigungsgrund**.

Beispiel: A geht mit einem Messer auf die Person B los. B schlägt A zur Verteidigung ins Gesicht. B hat hier eine unerlaubte Handlung begangen. Allerdings kann er dies mit Notwehr nach §227 BGB rechtfertigen. Es entfällt also die Schadensersatzpflicht, die B normalerweise gegenüber A hätte, da B nicht widerrechtlich gehandelt hat.

Ergebnis: Wer zum Schutz seines Rechtsgutes ein anderes Rechtsgut verletzt, handelt nicht widerrechtlich, solange die Verhältnismäßigkeit gegeben ist. Wer nicht widerrechtlich oder unerlaubt handelt, hat keine Schadensersatzpflicht.

## Haftung für unerlaubte Handlungen Minderjähriger

Minderjährige **unter 7 Jahren haften nicht** für Schäden, die sie anrichten.

Kinder zwischen **7 und 10 Jahren** haften nicht für **fahrlässige** Schäden, die sie im **Schienen- oder Straßenverkehr** anrichten.

Kinder und Jugendliche bis zum 18. Lebensjahr haften nur für Schäden, wenn sie die *Verantwortung erkennen* können („wenn die zur Erkenntnis der Verantwortlichkeit erforderliche Einsicht vorliegt").

Hinweis: Das Baustellenschild „Eltern haften für ihre Kinder" ist somit ungültig.

## Tierhalterhaftung

Grundsätzlich haftet der Tierhalter für jeden Schaden, den das Tier anrichtet (sog. Gefährdungshaftung). Der Hundehalter muss den Schaden ersetzen (oder die Haftpflichtversicherung).

Dies gilt allerdings in Ausnahmefällen nicht:

- Das Tier wird beruflich genutzt (z. B. als Wachhund) **und**
- der Halter (hier Hundeführer) hat die nötige Sorgfalt walten lassen.

Beispiel: Der Hundeführer ruft den Passanten mehrmals an, stehen zu bleiben und sich nicht zu nähern. Der Passant kommt allerdings trotzdem an den Diensthund heran und wird daraufhin (Verteidigungshaltung des Hundes) gebissen. Der Hundeführer hat alles Mögliche getan, um einen Schaden im Vorfeld abzuwenden und ist daher nicht zum Schadensersatz verpflichtet.

## Schikane-Verbot (§226 BGB)

Ein Recht darf dann nicht ausgeübt werden, wenn die Ausübung den **einzigen Zweck** hat, **jemand anderen zu schaden.**

Beispiel: Ein Mitarbeiter eines Sicherheitsdienstes ist mit Taschenkontrollen der Mitarbeiter des Objekts beauftragt. Diese sind vertraglich vereinbart. Wenn der Wachmitarbeiter nun eine Person besonders oft und langwierig kontrolliert, damit dieser seinen Zug verpasst, ist die Ausübung des Rechts nicht zulässig und fällt unter §226 BGB – Schikane-Verbot.

## Rechtfertigungsgründe (BGB)

Schadet ein Bürger einem anderen Bürger, ist ihm dieser zu Schadensersatz verpflichtet. Allerdings gibt es die sogenannten **Rechtfertigungsgründe** (auch bekannt als *Jedermannsrechte*). Diese Gründe entbinden von der Schadensersatzpflicht.

Rechtfertigungsgründe:

- **Notwehr (§227 BGB):** Notwehr ist diejenige **Verteidigung**, welche **erforderlich** ist, um einen **gegenwärtigen rechtswidrigen Angriff** von sich oder einem anderen abzuwenden.

- **Verteidigender Notstand (§228 BGB):** Wer eine **fremde Sache** beschädigt oder zerstört, um eine durch sie **drohende Gefahr** von sich oder einem anderen abzuwenden, handelt nicht widerrechtlich, wenn die Beschädigung oder die Zerstörung zur **Abwendung** der **Gefahr erforderlich** ist und der Schaden nicht außer **Verhältnis** zu der Gefahr steht. Hat der Handelnde die Gefahr verschuldet, ist er zum Schadensersatz verpflichtet.
- **Selbsthilfe (§229 BGB):** Wer zum Zwecke der **Selbsthilfe** eine Sache wegnimmt, zerstört oder beschädigt oder wer zum Zwecke der Selbsthilfe einen Verpflichteten, welcher **der Flucht verdächtig** ist, festnimmt oder den Widerstand des Verpflichteten gegen eine Handlung, die dieser zu dulden verpflichtet ist, beseitigt, handelt nicht widerrechtlich, wenn **obrigkeitliche Hilfe nicht rechtzeitig zu erlangen** ist und ohne sofortiges Eingreifen die Gefahr besteht, dass die **Verwirklichung des Anspruchs vereitelt** oder wesentlich erschwert werde.
- Selbsthilfe des Besitzers (§859 BGB): Wird eine **bewegliche Sache** dem Besitzer mittels **verbotener Eigenmacht** weggenommen, so darf er sie dem **auf frischer Tat betroffenen oder verfolgten Täter** mit Gewalt wieder abnehmen.
- Selbsthilfe des Besitzdieners (§860 BGB): Zur Ausübung der dem Besitzer nach §859 zustehenden Rechte ist auch derjenige befugt, welcher die tatsächliche Gewalt für den Besitzer ausübt.
- Angreifender Notstand (§904 BGB): Der Eigentümer einer Sache ist nicht berechtigt, die Einwirkung eines anderen auf die Sache zu verbieten, wenn die Einwirkung zur Abwendung einer gegenwärtigen Gefahr notwendig und der drohende Schaden gegenüber dem aus der Einwirkung dem Eigentümer entstehenden Schaden unverhältnismäßig groß ist. Der Eigentümer kann Ersatz des ihm entstehenden Schadens verlangen.

Anmerkung: Die Notwehrparagrafen §227 BGB als auch §32 StGB sind inhaltlich identisch.

- §227 BGB: Schutz vor finanziellem Schadensersatz
- §32 StGB: Schutz vor einer Strafe durch den Staat

# Straf- und Strafverfahrensrecht

## Strafgesetzbuch

Das Strafgesetzbuch regelt das Strafrecht in Deutschland. Es ist in zwei Teile gegliedert:

**Allgemeiner Teil**:

- Grundlagen: Versuch, Täterschaft, Beihilfe usw.
    - Nebengesetze:
        - Betäubungsmittelgesetz (BtMG)
        - Waffengesetz (Waffe)
        - Gewerbeordnung (GewO)
        - Bundesdatenschutzgesetz (BDSG)

**Besonderer Teil**:

- Tatbestände und jeweilige Strafandrohung

**Grundlegende Paragrafen des StGB:**

- §1 StGB: keine Strafe ohne (vorheriges) Gesetz.
- §11 StGB: definiert Begriffe wie „Angehöriger“, „Amtsträger“ oder „Richter“
- §14 StGB: definiert das „Handeln für einen anderen“ → Vorstand eines Vereins oder einer Firma

## Vorsatz und Fahrlässigkeit (§15 StGB)

Nur vorsätzliches Handeln ist strafbar, es sei denn, das Gesetz stellt ausdrücklich fahrlässiges Handeln unter Strafe.

- Vorsatz: Der Täter handelt mit Wissen und Wollen über die Tat und deren Konsequenzen.
- Fahrlässig: Der Täter lässt die nötige Sorgfalt außer Acht. Er handelt „aus Versehen“ oder „der Konsequenz unbewusst“.

## Versuch (§§22, 23 StGB) / Vergehen, Verbrechen

Eine Straftat versucht, wer nach seiner Vorstellung von der Tat **zur Verwirklichung** des Tatbestands **unmittelbar ansetzt**. Der Versuch eines Verbrechens ist immer strafbar, der Versuch eines Vergehens nur dann, wenn das Gesetz es ausdrücklich bestimmt.

- Verbrechen: Verbrechen sind rechtswidrige Taten, die im Mindestmaß mit Freiheitsstrafe von einem Jahr oder darüber bedroht sind.
- Vergehen: Vergehen sind rechtswidrige Taten, die im Mindestmaß mit einer geringeren Freiheitsstrafe oder die mit Geldstrafe bedroht sind.

## Täterschaft, Anstiftung, Beihilfe (§§25, 26, 27 StGB)

Eine Straftat kann man begehen:

- allein (**Alleintäter**)
- gemeinschaftlich (**Mittäter**)

Als **Anstifter**: wer andere auf die Idee der Straftat (*vorsätzlich, rechtswidrig*) bringt.

Eine **Beihilfe** leistet: also wer anderen eine Straftat ermöglicht, ohne selbst als Mittäter beteiligt zu sein.

## Offizialdelikte und Antragsdelikte

Jede Straftat, von der die Polizei oder die Staatsanwaltschaft Kenntnis erlangt, wird grundsätzlich verfolgt und eine Ermittlung eingeleitet. Das **Legalitätsprinzip** verpflichtet sie dazu. Dies gilt allerdings nur für **Offizialdelikte**. Jede Straftat, die nicht explizit im StGB als **Antragsdelikt** gekennzeichnet ist, ist automatisch ein Offizialdelikt.

**Offizialdelikt**: alle Straftaten, die nicht als Antragsdelikt gekennzeichnet sind

**Antragsdelikt**: leichtere, im StGB gekennzeichnete Straftaten; werden nur auf Antrag (Strafantrag) verfolgt, zum Beispiel:

- §123 StGB – Haufriedensbruch
- §185 StGB – Beleidigung
- §223 StGB – vorsätzliche (einfache) Körperverletzung
- §229 StGB – fahrlässige Körperverletzung

- §238 StGB – Nachstellung
- §303 StGB – Sachbeschädigung

*Relatives Antragsdelikt*: Täter und Opfer müssen in einem besonderen Verhältnis stehen (z. B.: Verwandtschaft)
*Absolutes Antragsdelikt*: Es muss ein Strafantrag vom Geschädigten gestellt werden → kein Strafantrag, keine Strafverfolgung

**Privatklagedelikt**: Die Privatklagedelikte sollen die Staatsanwaltschaft entlasten. Sollte z. B. ein Verfahren eingestellt werden, da es strafrechtlich nicht relevant ist, steht dem Geschädigten der Rechtsweg der Privatklage offen. Er kann zum Beispiel eine Schadensersatzpflicht geltend machen.

Ein Strafantrag kann längstens drei Monate nach Bekanntwerden von Tat und Täter gestellt werden.

Hinweis: Ein Strafantrag darf nicht mit einer Strafanzeige verwechselt werden.

## Voraussetzungen der Strafbarkeit

Um jemanden für etwas zu bestrafen, was er getan (oder unterlassen) hat, muss man drei Faktoren prüfen:

- Tatbestandsmäßigkeit:
    - **Objektiver Tatbestand**: Es wird geprüft, ob die einzelnen **Tatbestandsmerkmale** gemäß dem entsprechenden Paragrafen des StGB erfüllt sind.
      Bsp.: Diebstahl → Fremde, bewegliche Sache wurde rechtswidrig sich oder einem Dritten zugeeignet.
    - **Subjektiver Tatbestand**: Hierbei wird geprüft, ob der Täter vorsätzlich oder fahrlässig gehandelt hat.
- Rechtswidrigkeit: Die Tat muss rechtswidrig sein, also gegen geltendes Recht verstoßen. Im Weiteren wird in diesem Punkt geprüft, ob ein Rechtfertigungsgrund (Notwehr, vorläufige Festnahme o. ä.) für das Handeln vorlag.
- Schuldfähigkeit: Der Täter muss fähig sein, seine Schuld zu erkennen. Dies ist z. B. nicht gegeben, wenn der Täter bei Begehung der Straftat unter 14 Jahre alt war, geisteskrank oder sehr stark betrunken war. Ebenfalls darf kein Entschuldigungsgrund vorliegen (Bsp.: Entschuldigender Notstand §35 StGB).

## Auswahl relevanter Tatbestände

**§13 StGB – Begehen durch Unterlassen**
Man unterscheidet hierbei zwischen **echten** und **unechten Unterlassungsdelikten**. Es wird wie folgt unterschieden:

- Echtes Unterlassungsdelikt: Diese Delikte werden im StGB ausdrücklich bestraft, wenn eine Handlung gefordert ist, diese aber nicht vollbracht wird.
- Unechtes Unterlassungsdelikt:
    - Garantenstellung muss vorhanden sein (z. B. vertraglich vereinbarte Sicherheitsaufgabe).
    - Eine Handlung muss geboten sein (z. B. Notruf an die Feuerwehr bei Brand).
    - Garantenstellung muss verletzt worden sein.

**§123 StGB – Hausfriedensbruch**
Wer **widerrechtlich** in fremdes Besitztum **eindringt** oder **trotz Aufforderung** dort **verweilt**, begeht Hausfriedensbruch.

**§126 StGB – Störung des öffentlichen Friedens durch Androhung von Straftaten**
Wer die Begehung einer vorsätzlichen schweren Straftat gegen Leben, Leib, Freiheit, einen Raub oder ein gemeingefährliches Verbrechen oder Vergehen androht, macht sich strafbar.

**§132 StGB – Amtsanmaßung**
Wer unbefugt sich mit der Ausübung eines öffentlichen Amtes befasst oder eine Handlung vornimmt, welche nur kraft eines öffentlichen Amtes vorgenommen werden darf, macht sich strafbar.

**§132a StGB – Missbrauch von Titeln, Berufsbezeichnungen und Abzeichen**
Es ist verboten, Titel und Berufsbezeichnungen ohne die entsprechende Erlaubnis zu führen. Dies gilt auch für akademische Grade (Arzt), Amtstitel oder öffentliche Würden (Richter).

**§138 StGB – Nichtanzeige geplanter Straftaten**
Wer von einer geplanten Tat (Mord, Raub, Herbeiführen einer Bombenexplosion usw. (→ siehe §138 StGB) erfährt und dies nicht umgehend dem Opfer oder der Polizei anzeigt, macht sich strafbar.

**§145 StGB – Missbrauch von Notrufen und Beeinträchtigung von Unfallverhütungs- und Nothilfemitteln**
Wer absichtlich oder wissentlich Gegenstände unbrauchbar macht, welche zur Vermeidung eines Unglücks oder gemeiner Gefahr (z. B.: Feuerlöscher entleeren, ohne dass es brennt) geeignet sind, ohne dass dies erforderlich ist, macht sich strafbar.

**§ 153 StGB – Falsche unendliche Aussage**
Wer vor Gericht oder vor einer anderen zur eidlichen Vernehmung von Zeugen oder Sachverständigen zuständigen Stelle als Zeuge oder Sachverständiger uneidlich falsch aussagt, macht sich strafbar.

**§154 StGB – Meineid**
Wer vor Gericht oder vor einer anderen zur Abnahme von Eiden zuständigen Stelle falsch schwört, macht sich strafbar.

**§164 StGB – Falsche Verdächtigung**
Wer wider besseres Wissen jemand anderen gegenüber einer zu Annahme einer Anzeige zuständigen Stelle einer Straftat bezichtigt, macht sich strafbar.

**§185 StGB – Beleidigung**
Wer die Ehre eines anderen herabwürdigt und dies in Wort, Schrift, Geste oder Tätlichkeit kundtut, macht sich strafbar.

**§186 StGB – Üble Nachrede**
Wer eine Behauptung über einen anderen aufstellt, die sich als unwahr herausstellt, macht sich strafbar.

**§187 StGB – Verleumdung**
Wer etwas über einen anderen behauptet, obwohl er weiß, dass es nicht stimmt, macht sich strafbar. Anmerkung: Die Behauptung muss gegenüber einem Dritten geäußert werden.

**§201 StGB – Verletzung der Vertraulichkeit des Wortes**
Wer das nicht öffentlich gesprochene Wort eines anderen aufnimmt, eine Aufnahme gebraucht oder veröffentlicht oder Dritten zugänglich macht oder einen anderen abhört, macht sich strafbar.

**§202 – Verletzung von Briefgeheimnissen**
Wer einen verschlossenen Brief, der nicht für ihn bestimmt ist, öffnet, um ein nicht für ihn bestimmtes Schriftstück zu lesen, macht sich strafbar.

**§202a StGB – Ausspähen von Daten**
Wer sich unbefugt Daten beschafft, die nicht für ihn bestimmt sind und gegen Zugriff durch Unbefugte besonders gesichert sind, macht sich strafbar.

**§ 223 StGB – Körperverletzung**
Wer einen anderen **körperlich misshandelt** oder seine **Gesundheit schädigt**, macht sich strafbar.

**§ 224 StGB – Gefährliche Körperverletzung**
Wer eine Körperverletzung mit einem Hilfsmittel begeht, macht sich der gefährlichen Körperverletzung strafbar.

Hierbei entscheidet die **Begehungsart** zwischen KV und GefKV:

- mit Beibringen von Gift
- mittels einer Waffe (Messer, Axt) oder eines gefährlichen Werkzeugs (Schraubenzieher, Kugelschreiber ins Auge)
- mehrere gemeinschaftlich (Angriff von zwei oder mehr Personen)
- mittels hinterlistigen Überfalls
- mittels lebensgefährdender Behandlung (über Zeit eine Person kaltem Wasser aussetzen)

**§226 StGB – Schwere Körperverletzung**
Wer eine Körperverletzung begeht, bei dem das Opfer **bleibende Schäden** erleidet (Bsp.: Verlust eines Armes), macht sich der schweren Körperverletzung strafbar. Die Art der Begehung ist irrelevant. Schwere Körperverletzung ist ein Verbrechen!

**§229 StGB – Fahrlässige Körperverletzung**
Bei der Körperverletzung ist ein fahrlässiges Begehen möglich. Hier droht das StGB explizit eine Strafe für fahrlässiges Handeln an.

**§239 StGB – Freiheitsberaubung**
Wer einen anderen einsperrt oder auf andere Weise in seiner Freiheit behindert (z. B. fesselt), macht sich strafbar.

**§240 StGB – Nötigung**
Wer einen anderen durch Androhung eines empfindlichen Übels (z. B. Gesundheitsschädigung) zu einem Tun oder Unterlassen zwingt, macht sich strafbar.

**§241 StGB – Bedrohung**

Wer einen anderen mit dem Begehen eines Verbrechens droht, macht sich strafbar. Anmerkung: Im April 2021 wurde das Gesetz zur Bedrohung geändert. Die Kernaussage bleibt hierbei dieselbe, allerdings muss im Gegensatz zu früher nicht mehr beispielsweise das Leben direkt bedroht sein. Es reicht nun schon die Drohung gegen die körperliche Unversehrtheit. Zusätzlich ist es vollkommen ausreichend, seinem Gegenüber glaubhaft zu machen, dass eine solche Handlung bevorsteht.

**§242 – Diebstahl**

Wer einem anderen eine **fremde, bewegliche Sache rechtswidrig wegnimmt** (Besitz entzieht/Gewahrsam bricht), um sie sich oder einem Dritten **anzueignen**, macht sich strafbar.

**§243 StGB – Besonders schwerer Fall des Diebstahls**

Wer einen Diebstahl auf eine besondere Weise begeht, macht sich des besonders schweren Falles des Diebstahls strafbar. Diese Weisen sind:

- durch Einbrechen
- durch Einsteigen
- mithilfe eines falschen Schlüssels
- ein verschlossenes Behältnis öffnen
- aus Kirchen stehlen
- aus Museen stehlen
- wenn ein Opfer eine Notsituation erleidet und diese ausgenutzt wird
- gewerbsmäßig stehlen
- und weitere

**§244 StGB – Diebstahl mit Waffen; Bandendiebstahl; Wohnungseinbruchsdiebstahl**

Hat ein Täter bei der Begehung eines Diebstahls eine **Waffe** bei sich, stiehlt als **Mitglied einer Bande** oder bricht in eine **Wohnung** ein, wird er besonders bestraft.

**§246 – Unterschlagung**

Wer eine fremde, bewegliche Sache rechtswidrig behält, macht sich strafbar. Anmerkung: Im Gegensatz zum Diebstahl fehlt hier die **Wegnahme**. Die Sache wurde dem Täter im Vorfeld anvertraut.

**§248a StGB – Diebstahl und Unterschlagung geringwertiger Sachen**
Handelt es sich beim Diebesgut oder dem unterschlagenen Gegenstand um eine Sache, dessen Wert **weniger als 50 €** ist, ist der Diebstahl ein Antragsdelikt. Je nach Gericht kann der Wert zwischen 30 € und 50 € schwanken.

**§249 StGB – Raub**
Wer einem anderen **unter Anwendung von Gewalt oder Drohung mit Gefahr für Leib und Leben** eine fremde bewegliche Sache wegnimmt, macht sich strafbar. Raub ist ein Verbrechen. Merksatz: „Erst hauen, dann klauen."

**§252 StGB – Räuberischer Diebstahl**
Wer Gewalt oder Drohung mit gegenwärtiger Gefahr für Leib oder Leben anwendet, um Besitz einer Sache zu erhalten, die er vorher gestohlen hat, macht sich strafbar. Merksatz: „Erst klauen, dann hauen."

**§253 StGB – Erpressung**
Siehe Nötigung. Allerdings fließt hier der Faktor „finanzieller Vorteil/Nachteil" mit ein.

**§255 StGB – Räuberische Erpressung**
Wer einen anderen unter Androhung oder Anwendung von Gewalt nötigt, um einen finanziellen Vorteil zu erlangen, macht sich der räuberischen Erpressung strafbar.

**§257 StGB – Begünstigung**
Wer einem **anderen hilft,** nach der Tat die Vorteile zu sichern, begünstigt den Täter und macht sich strafbar.

**§258 StGB – Strafvereitelung**
Wer vereitelt, dass ein **anderer** wegen einer Straftat bestraft wird, macht sich strafbar.

**§259 StGB – Hehlerei**
Wer eine Sache, die ein **anderer** rechtswidrig an sich gebracht hat, ankauft, verkauft oder zu verkaufen hilft, macht sich strafbar.

**§263 StGB – Betrug**
Wer einem anderen durch eine Täuschungshandlung und Irrtumserregung einen finanziellen Schaden zufügt, um sich selbst zu bereichern, macht sich strafbar.

**§263a StGB – Computerbetrug**
Siehe Betrug. Allerdings wird die Täuschungshandlung hier nicht gegenüber einem Menschen vorgenommen, sondern gegenüber einem Computer.

**§265a StGB – Erschleichen von Leistungen**
Wer die Leistungen eines Automaten, die Beförderung mit einem Verkehrsmittel oder den Zutritt einer Veranstaltung erschleicht, macht sich strafbar.

**§267 StGB – Urkundenfälschung**
Wer eine unechte Urkunde zum Gebrauch im Rechtsverkehr **herstellt**, **verfälscht** oder **gebraucht**, macht sich strafbar.

**§303 StGB – Sachbeschädigung**
Wer eine fremde Sache unwiederbringlich beschädigt oder zerstört, macht sich strafbar. Anmerkung: Seit geraumer Zeit sind auch „Graffitis" als Sachbeschädigung zu sehen, da das Erscheinungsbild langfristig beeinträchtigt wurde.

**§306 StGB – Brandstiftung**
Wer u. a. fremde Gebäude, Hütten, Maschinen, Kfz oder Wälder in Brand setzt, macht sich strafbar. Brandstiftung ist ein Verbrechen.

**§323c StGB – Unterlassene Hilfeleistung**
Wer bei Unglücksfällen, gemeiner Gefahr oder Not keine Hilfe leistet, obwohl ihm dies möglich wäre, macht sich strafbar.

## Aufgaben Grundverständnis Straf- und Verfahrensrecht

1. Welche/s der folgenden sind Schuldausschließungsgründe?
a) Handlung im entschuldigenden Notstand
b) Kind unter 16 Jahren
c) Stark alkoholisierter Zustand
d) Psychische Unzurechnungsfähigkeit

2. Welche Aussage/n zur Unterschlagung – §246 StGB ist/sind korrekt?
a) Eine fremde bewegliche Sache kann einem Dritten zugeeignet werden
b) Ist dasselbe wie Diebstahl
c) Ist nur die Zugeignung einer fremden beweglichen Sache
d) Ist die Wegnahme einer fremden beweglichen Sache

3. Was beinhaltet der §224 StGB?
a) Fahrlässige Körperverletzung
b) Vorsätzliche Körperverletzung
c) Gefährliche Körperverletzung
d) Schwere Körperverletzung

4. Welche Strafen sieht die Gesetzgebung der Bundesrepublik Deutschland grundsätzlich vor?
a) Ausweisung
b) Freiheitsstrafe
c) Strafarbeit
d) Geldstrafe

5. Was ist ein Diebstahl?
a) Die Wegnahme einer fremden beweglichen Sache
b) Die Zueignung einer fremden beweglichen Sache
c) Die Wegnahme einer fremden beweglichen Sache um sie sich, oder einem Dritten rechtswidrig zuzueignen
d) Eine Handlung nach §242 StGB

6. Wer vorsätzlich eine falsche Aussage trotz gerichtlicher Vereidigung trifft,
a) begeht ein Vergehen
b) begeht ein Verbrechen
c) wird mit mind. 1 Jahr Freiheitsstrafe bestraft
d) kann mit Geldstrafe bestraft werden

7. Was ist der Unterschied zwischen "gefährlicher" und "schwerer" Körperverletzung?
a) Die schwere Körperverletzung beschreibt die Folgen einer Körperverletzung.
b) Die gefährliche Körperverletzung beschreibt die Folgen einer Körperverletzung.
c) Die gefährliche Körperverletzung beschreibt die Art und Weise wie eine Körperverletzung begangen wird.
d) Die schwere Körperverletzung beschreibt die Art und Weise wie eine Körperverletzung begangen wird.

8. Welche Aussage/n zu §223 StGB – vorsätzliche Körperverletzung sind korrekt?
a) Bei einer Körperverletzung muss immer die Körpersubstanz der anderen Person mindestens vorübergehend beschädigt werden.
b) Eine Körperverletzung kann auch das Hervorrufen extremen Ekelgefühls sein.
c) Eine Körperverletzung ist u.a. die körperliche Misshandlung ohne Substanzverletzung.
d) Eine Körperverletzung ist nur die Beschädigung des Körpers einer fremden Person.

9. Wird eine Straftat gemeinschaftlich begangen, sind die Täter
a) Gehilfe
b) Anstifter
c) Alleintäter
d) Mittäter

10. Was sind Offizialdelikte?
a) Straftaten, die nur auf Antrag des Opfers verfolgt werden
b) Alle Straftaten
c) Straftaten, die vom Staat verfolgt werden müssen
d) Alle Verbrechen

## Lösungen: Aufgaben Grundverständnis Straf- und Verfahrensrecht

| |
|---|
| 1. c) und d) |
| 2. a) und c) |
| 3. c) |
| 4. b) und d) |
| 5. c) und d) |
| 6. b) und c) |
| 7. a) und c) |
| 8. b) und c) |
| 9. d) |
| 10. c) und d) |

# Umgang mit Verteidigungswaffen

## Waffenrechtliche Begriffe

Das Waffenrecht definiert einige Begriffe. Diese können sich mit anderen Rechten und Gesetzen überschneiden, können aber auch andere Bedeutungen haben.

- **Schusswaffen**: sind Gegenstände, die zum Angriff oder zur Verteidigung, zur Signalgebung, Jagd, Distanzinjektion, Markierung oder Sport und Spiel bestimmt sind und bei denen Geschosse durch einen Lauf getrieben werden
- **automatische Schusswaffen**: sind nach Abgabe eines Schusses sofort wieder schussbereit
    - **vollautomatische Waffen**: Bei Betätigung des Abzuges werden so lange Projektile verschossen, bis das Patronenlager leer ist oder der Abzug losgelassen wird (fallen in Deutschland unter das Kriegswaffenkontrollgesetz!).
    - **halbautomatische Waffen**: Nach Schussabgabe kann der Abzug erneut betätigt werden, da die Waffe sich durch eine Mechanik erneut selbst lädt und sofort wieder schussbereit ist. Der Abzug muss für jeden Schuss einzeln betätigt werden. Dies kann so lange wiederholt werden, bis das Patronenlager oder das Magazin leer ist.
- **Hieb- und Stoßwaffen**: Im Sinne des Gesetzes sind es Gegenstände, die ihrer Natur nach bestimmt sind, unter Ausnutzung von Muskelkraft Verletzungen durch Hieb, Stoß oder Stich beizubringen (Schlagstock, Messer).
- **Erwerb**: Wer die tatsächliche Gewalt über eine Waffe erlangt, hat diese erworben (nicht zwingend käuflich, er kann sie auch finden).
- **Überlassen**: bedeutet, dass man die tatsächliche Gewalt einer anderen Person einräumt (Übergabe bei Schichtwechsel)
- **Führen**: bedeutet, eine Waffe außerhalb des umfriedeten Besitztums zugriffsbereit bei sich zu tragen

## Waffenbesitzkarte und Waffenschein

Die **Waffenbesitzkarte** wird für den legalen Erwerb und die tatsächliche Gewalt über eine Schusswaffe benötigt.

Der **Waffenschein** wird zum Führen einer Schusswaffe benötigt.

Beides ist an **folgende Voraussetzungen** gebunden:

- **Zuverlässigkeit**: Der Antragsteller darf keine relevanten Einträge im Führungszeugnis haben. Hier gilt grundsätzlich: Wer wegen einer Straftat zu 60 Tagessätzen oder höher verurteilt wurde, ist nicht zuverlässig.
- **Volljährigkeit**: Der Antragsteller muss das 18. Lebensjahr vollendet haben.
- **Persönliche Eignung**: Die Person muss unter 25 Jahren bei der erstmaligen Erteilung der Erlaubnis ein psychologisches Gutachten vorlegen, dass er geeignet ist, eine Schusswaffe zu erwerben oder zu führen.
- **Sachkundig**: Der Antragsteller muss nachweisen, dass er die erforderliche Sachkunde besitzt. Dies geschieht mit Ablegen einer Waffensachkundeprüfung gemäß §7 WaffG.
- **Bedürfnis**: Man muss nachweisen, dass man ein Bedürfnis zum Führen oder Erwerben einer Waffe hat. Dies geschieht zum Beispiel durch Nachweis der Mitgliedschaft als auch des regelmäßigen Schießens in einem Schützenverein oder indem man darlegen kann, dass man eine besonders gefährdete Person ist und eine Waffe diese Gefahr mindern würde.

## Verbotene Waffen

Verbotene Waffen sind Gegenstände, die man sich nicht beschaffen darf. Man darf diese folglich auch nicht Zuhause aufbewahren. Hierunter fallen z. B.:

- Spring- und Fallmesser, Wurfsterne, Faustmesser, Butterflymesser
- Stahlruten, Totschläger, Schlagringe
- Kriegswaffen und Kriegsmunition
- Waffen, die als Alltagsgegenstände getarnt sind (Stockdegen)
- Vorrichtungen, um das Ziel zu beleuchten
- nicht zugelassene Elektroschocker (Impulsgeräte)
- Gegenstände, die brennbare Flüssigkeiten o. ä. verteilen (Molotow-Cocktails)

# Unfallverhütungsvorschriften

## Grundlagen Unfallverhütungsvorschriften

Die **Unfallverhütungsvorschriften** (UVV) werden von der **Berufsgenossenschaft** vorgegeben. Dies ist ein Unfallversicherungsträger für berufliche (sogenannte versicherte) Tätigkeiten. Für Wach- und Sicherungsdienste gilt derzeit die aktuelle Fassung **DGUV** (Deutsche Gesetzliche Unfallversicherung) **Vorschrift 23**.

Generell gliedern sich die Vorgaben der Berufsgenossenschaft wie folgt:

- DGUV-Vorschriften: verbindliche Vorgaben für Unternehmer (Arbeitgeber) und Versicherte (Angestellte)
- DGUV-Regeln: Hilfestellung zur Umsetzung der Vorschriften
- DGUV-Grundsätze: Maßstäbe
- DGUV-Information: Praxistipps zur Umsetzung und Erläuterungen

## Grundsätze der Prävention

Sowohl Unternehmer als auch Versicherte haben von der Berufsgenossenschaft (BG) einige Vorgaben auferlegt bekommen.

**Der Unternehmer muss:**

- Maßnahmen zur Unfallverhütung treffen
- Vorschriften über ärztliche Prävention anwenden
- Verantwortliche für Arbeitssicherheit benennen
- Personal unterweisen und auf die Mitwirkungspflicht hinweisen
- geeignete persönliche sowie generelle Schutzausrüstung stellen
- der BG Auskunft über Unfälle geben und Besichtigungen ermöglichen
- Verkehrswege frei nutzbar halten
- Sicherheitseinrichtungen zur Verfügung stellen (Bsp.: Feuerlöscher) und diese intakt halten und prüfen lassen
- Maßnahmen zur Ersten Hilfe ergreifen
    - Erste-Hilfe-Material zur Verfügung stellen
    - Rettungsgeräte zur Verfügung stellen
- mindestens einmal jährlich unterweisen
- Angaben zu Notruf- und Rettungsmaßnahmen zugänglich machen

**Der Versicherte muss:**

- Weisungen des Unternehmers bezüglich der UVV beachten und befolgen
- persönliche, zur Verfügung gestellte Schutzausrüstung benutzen
- Einrichtungen bestimmungsgemäß verwenden
- sicherheitstechnische Mängel im Rahmen der Möglichkeiten beseitigen oder melden
- Arbeitsstoffe und Einrichtungen nicht unbefugt nutzen
- Erste-Hilfe-Maßnahmen unterstützen
- sich nach Möglichkeit der persönlichen Eignung zum Ersthelfer ausbilden lassen
- jeden Unfall unverzüglich melden (unter Umständen der, der zuerst vom Unfall erfahren hat)

**Dem Versicherten ist Folgendes verboten:**

- sicherheitswidrige Weisungen befolgen
- Kleidung, Schmuck oder ähnliches, die die Sicherheit beeinträchtigen, zu tragen
- sich Alkoholgenuss oder sonstigen Rauschzuständen auszusetzen
- Bereiche, die entsprechend gekennzeichnet sind, unbefugt oder nicht ausreichend geschützt zu betreten

## Aufgaben Grundverständnis Unfallverhütungsvorschriften

1. Welcher Unfallversicherungsträger ist für das Wach- und Sicherheitsgewerbe zuständig?
a) Berufsgenossenschaft
b) Verwaltungs- Berufsgenossenschaft
c) Krankenkasse
d) Berufsunfähigkeitsversicherung

2. Welche Maßnahmen können bei "Nichteinhaltung" der Unfallverhütungsvorschriften gemäß DGUV Vorschrift 23 nach sich bringen?
a) Haftstrafen
b) Ordnungsgeld
c) Insolvenz
d) Bußgelder
e) Gerichtsverfahren

3. Laut DGUV Vorschrift 23 ist das Bereithalten und Führen von Reiz- und Schreckstoffschusswaffen bei Wach- und Sicherungsaufgaben
a) mit der Sachkundeprüfung gemäß § 34a zulässig.
b) mit einem Gewerbeschein für die Sicherheitsbrache zulässig.
c) immer und überall zulässig.
d) immer und überall unzulässig.

4. Welche Arbeitsbeschaffungsmaßnahmen sind dem Gewerbetreibenden des Sicherheitsunternehmens gemäß Unfallverhütungsvorschriften untersagt?
a) Sicherheitswidrige Anweisungen zu erteilen
b) Den Angestellten ein Objekt zur Überwachung bereitstellen
c) Seine Mitarbeiter nach 22 Uhr zu beschäftigen
d) Die Kosten für Unfallverhütungsmaßnahmen den Versicherten aufzuerlegen

5. Der Betrieb ist verpflichtet dem versicherten Mitarbeiter alle notwendigen Rechtsvorschriften zugänglich zu machen. Welche der folgenden Vorschriften gehören nicht dazu?
a) Bewachungsverordnung
b) Unfallverhütungsvorschrift
c) Gewerbeverordnung
d) Allgemeines Gleichbehandlungsgesetz
e) Dienstvorschriften

6. Welches Equipment muss der Gewerbetreibende des Sicherheitsunternehmens seinen Mitarbeitern beim Einsatz während der "Dunkelheit" bereitstellen?
a) Schusswaffen
b) Warnwesten
c) Smartphone mit Taschenlampenfunktion
d) Handleuchten
e) Erste Hilfe Kits
f) Nachtsichtgerät
g) Stichweste

7. Was müssen die Sicherheitskräfte bezüglich ihrer zur Verfügung gestellten Dienstausrüstung beachten?
a) Sie müssen die Dienstkleidung selbst bezahlen
b) Ihnen steht frei die Dienstkleidung zu verwenden
c) Es besteht eine Tragepflicht
d) Es handelt sich um ihr "Eigentum" also können Sie das auch verkaufen

8. In Bezug auf die Einnahme bzw. dem Konsum von Alkohol und anderen berauschenden Substanzen gemäß DGUV Vorschrift 23 gilt was?
a) Der Konsum ist grundsätzlich verboten
b) Der Konsum ist bis zu einer angemessenen Zeit vor dem Dienstbeginn erlaubt
c) Der Konsum ist auch während der Arbeitszeit erlaubt, solange keine Maschinen oder Fahrzeuge bedient werden müssen
d) Der Konsum hängt von der Tätigkeit vor Ort ab

9. Welche Bewachungsobjekte bieten in der Regel ein hohes Konfrontationspotential?
a) Juweliere
b) Einzelhandelsobjekte
c) Gold- und Schmuckankauf
d) Flüchtlingsunterkünfte
e) Eventbezogenen Objekte (Konzerte, Oktoberfest)
f) Öffentliche Anlagen

10. Welche Vorschrift der Berufsgenossenschaft gilt speziell für das Sicherheitsgewerbe?
a) § 34a GewO
b) DSGVO
c) StGb §1
d) Gewerbeverordnung
e) DGUV V23

11. Was können Gründe für eine plötzliche Überprüfung eines Bewachungsobjektes sein?
a) Ein neuer Auftraggeber
b) Neue Mitarbeiter
c) Arbeitsunfälle
d) Auftragskündigungen

12. Wann sollten regelmäßige Objektanweisungen des Wach- und Sicherheitspersonals mindestens stattfinden?
a) In monatlichen Abständen
b) Jährlich
c) Bei Einstellung neuer Mitarbeiter
d) Bei Bedarf

13. Welche Voraussetzungen müssen laut DGUV V23 bei Gefahren während der Sicherheitstätigkeit gegeben sein?
a) Den Einsatz von mindestens zwei Sicherheitskräften
b) Bereithaltung von Nahkampfwaffen
c) Verstärkung durch die örtlichen Polizeibeamten
d) Eine besondere Überwachung des Personals

14. Welche Vorschrift bildet die allgemeine Rechtsgrundlage für die Unfallverhütungsvorschriften?
a) Sozialgesetzbuch VII
b) Gewerbeverordnung
c) Sachkunde gemäß § 34a
d) DGUV V23

15. Welche Maßnahmen können bei einem Verstoß der Unfallsverhütungsvorschriften erfolgen?
a) Freiheitsstrafe bis 5 Jahre
b) Freiheitsstrafe bis 2 Jahre
c) Bewährungsauflagen
d) Geldstrafe bis 200.000 €
e) Geldbuße bis höchstens 10.000 €
f) Geldbuße bis höchstens 7.500 €

## Lösungen: Aufgaben Grundverständnis Unfallverhütungsvorschriften

| |
|---|
| 1. b) |
| 2. d) |
| 3. d) |
| 4. a) und d) |
| 5. a) und c) und e) |
| 6. d) |
| 7. c) |
| 8. b) |
| 9. b) und d) und e) |
| 10. e) |
| 11.a) und c) |
| 12.b) und d) |
| 13.a) und d) |
| 14. a) |
| 15. e) |

# Umgang mit Menschen

## Wahrnehmung

Als **Wahrnehmung** bezeichnen wir das Zusammenspiel aller menschlichen Sinne (Sehen, Hören, Riechen usw.). Unsere Wahrnehmung hängt von unterschiedlichen Faktoren ab:

- **persönliches Befinden:** z. B. Krankheit kann negativ beeinflussen
- **Aufmerksamkeit:** Sind wir konzentriert?
- **Sachverständnis:** Sind wir für ein gewisses Thema sensibilisiert?
- **Interesse:** Wenn man sich für etwas interessiert, nimmt man es anders wahr.
- **Motivation:** Hat eine Person Durst, wird er Wasser in der Nähe sehr schnell wahrnehmen.
- **Wahrnehmungsfähigkeit:** Hat jemand einen Hörschaden, kann er akustische Reize schwer wahrnehmen.

## Fehler im Umgang mit Menschen

Beim Umgang mit Menschen können einige Fehler passieren. Hierunter fällt unter anderem auch das Thema „**Vorurteile“**. Vorurteile entstehen durch:

- negative Erfahrungen
- Assoziationen mit anderen Menschen
- leichtere Einschätzung von Unbekanntem durch das Ersetzen von Bekanntem

Die Folgen von Vorurteilen sind **Fehlurteile**, welche entstehen können durch:

- falsche Tonlage
- nicht haltbare Beschuldigungen
- Fehleinschätzungen

## Soziale Gruppen

Man unterscheidet zwischen sog. sozialen Gruppen:

**Jugendliche**

- befinden sich in der Pubertät. → häufiger Stimmungswechsel
- mangelnde Eigenidentifikation
- nicht abgeschlossene Persönlichkeitsbildung → unsicher, orientierungslos, aufsässig
- streben nach Vollwertigkeit und Gleichberechtigung mit Erwachsenen.
- neigen zur Gruppenbildung. → Gefühl von Rückhalt und Stärke
- Einsichtsniveau kann gering sein.
- Frustrationsschwelle kann ebenfalls gering sein. → kann in Aggression umschlagen

**Ältere Menschen**

- Leistungsvermögen kann bereits gesunken sein.
- Schnelle Reaktionen können ausbleiben.
- Einstellen auf neue Situation mitunter erschwert
- Aufnahmefähigkeit kann gering ausfallen.

**Geschlechter**

- Auffassung der Geschlechterrollen hat sich in den letzten Jahren geändert.
- Rollenverteilung oft unklar
- unterschiedliche Gefühlswelt

**Ausländer**

- unterschiedliche Kulturen
- andere Auffassung von „Ehre"
- andere Gebräuche mit dem anderen Geschlecht
- Kommunikation aufgrund sprachlicher Barriere erschwert
- andere Auffassung von Disziplin und Freiheit
- oft starker Familiensinn

## Kommunikation

Als Kommunikation beschreiben wir den Austausch von Nachrichten. Dies kann sowohl **verbal** als auch **non-verbal** geschehen.

Hierbei gibt es zwei Ebenen: die **Sachebene** (Fakten) und die **Beziehungsebene** (auch Gefühlsebene; Aussagen werden von den Gefühlen beherrscht.).

Zum Übermitteln einer Nachricht benötigen wir:

- Sender (formuliert Nachricht)
- Kommunikationsmedium (Bsp.: Sprache)
- Empfänger (erhält Nachricht)

Nach dem Wissenschaftler und Kommunikationsforscher Friedrich Schulz von Thun enthält jede Nachricht vier Seiten:

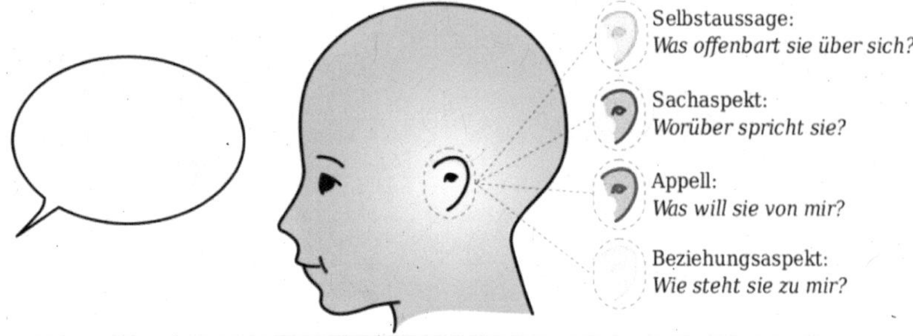

## Aufgaben Grundverständnis Umgang mit Menschen

1. Welche Aussagen zum ersten Eindruck stimmen?
a) Der erste Eindruck stimmt immer.
b) Der erste Eindruck stimmt nie.
c) Der erste Eindruck entsteht innerhalb von 30 Sekunden.
d) Der erste Eindruck ist immer ein objektives Empfinden.

2. Welche Aussagen zum "Vier Ohren-Modell" stimmen?
a) Der Empfänger entscheidet sich bewusst für eine der Ebenen und empfängt nur diese.
b) Der Sender sendet unbewusst auf mehreren Ebenen.
c) Die Nachricht hat immer fünf Ebenen.
d) Die Sachebene ist die emotionalste der Ebenen.

3. Welches der folgenden Dinge ist ein menschliches Grundbedürfnis?
a) Trinken
b) Arbeit
c) Internet
d) Schlaf

4. Was zählt als "nonverbale" Signale?
a) Sprache
b) Ausdruck und gestikulieren
c) Nichtsprachliche Zeichen

5. Was bezeichnet man als "Eisbergmodell"?
a) 70% der Kommunikation findet unbewusst statt.
b) 80% der Kommunikation findet bewusst statt.
c) 80% der Kommunikation findet unbewusst statt.
d) 40% der Kommunikation findet bewusst statt.

6. Kritik äußert man
a) streng.
b) sachlich.
c) laut.
d) persönlich.

7. Bei Erst-Kontakt mit fremden Personen sollte man sich wie verhalten?
a) Lächeln.
b) Abstand halten.
c) Duzen.
d) Hände schütteln.

8. Welche vier Ebenen hat das "Vier Ohren-Modell"?
a) Sachebene, Beziehungsebene, Appellebene, Selbstebene
b) Sachebene, Körperebene, Appellebene, Situationsebene
c) Ich-Ebene, Du-Ebene, Sachebene, Situationsebene
d) Körperebene, Sachebene, Du-Ebene, Situationsebene

9. Von wem stammt die Bedürfnis-Pyramide?
a) Abraham Maslow
b) Sigmund Freud
c) Paul Watzlawick
d) Philipp Zimbardo

10. Für wen eignet sich die gesellschaftliche Zone?
a) Fremde Personen
b) Freunde
c) unsichere Personen
d) Personen mit privatem Umgang

11. Was bezeichnet man als Körpersprache?
a) unbewusste und bewusste Mimik und Gestik
b) die Aussprache
c) Lautstärke der Sprache
d) Tanzen

12. Das Tragen einer Luxus-Uhr ist
a) ein primäres Motiv
b) ein Grundbedürfnis
c) ein erworbenes Motiv
d) ein sekundäres Motiv

13. Wie viel Prozent machen nonverbale Signale bei einer Kommunikation aus?
a) ca. 10%
b) ca. 30%
c) ca. 50%
d) ca. 90%

14. Wie viel Prozent machen verbale Signale bei einer Kommunikation aus?
a) ca. 30%
b) ca. 90%
c) ca. 10%
d) ca. 60%

15. Geringes Selbstwertgefühl zeichnet sich aus durch
a) Augenkontakt
b) hängende Schultern
c) offensives Auftreten
d) Aggressivität

16. Welche Aussagen zu Jugendlichen sind falsch?
a) Jugendliche können unsicheres Auftreten zeigen
b) Jugendliche wollen sich oftmals vor ihren Freunden beweisen.
c) Jugendliche sollten prinzipiell mit "Du" angesprochen werden.
d) Jugendliche hören grundsätzlich auf Anweisungen.

17. Als "Fremdbild" bezeichnet man
a) das Bild fremder Personen, welches man sich selbst bildet.
b) das Bild, welches andere Personen von einem selbst haben.
c) das Bild. welches man von sich selbst hat.
d) das Bild, fremder Personen von sich selbst.

18. Zeichen des "aktiven Zuhörens" sind
a) unterbrechen des Gegenübers.
b) Kopfnicken.
c) Blickkontakt.
d) Umherschweifen des Blickes.

19. Was für Arten von Stress gibt es?
a) Positiven und negativen Stress
b) Nur negativen Stress
c) Dis-Stress und Eu-Stress
d) Nur positiven Stress

## Lösungen: Aufgaben Grundverständnis Umgang mit Menschen

| |
|---|
| 1. c) |
| 2. b) |
| 3. a) und d) |
| 4. b) und c) |
| 5. c) |
| 6. b) |
| 7. b) |
| 8. a) |
| 9. a) |
| 10. a) |
| 11. a) |
| 12. c) und d) |
| 13. d) |
| 14. c) |
| 15. b) |
| 16. c) und d) |
| 17. b) |
| 18. b) und c) |
| 19. a) und c) |

# Grundlagen der Sicherheitstechnik

Die effektive Sicherheit eines Objektes oder einer Sache hängt vom Zusammenspiel von Menschen und Technik sowie dem Aufwand der Sicherheitsvorkehrungen ab.

## Grundlagen der Sicherheitstechnik

Um von Sicherheit sprechen zu können, müssen drei Faktoren schlüssig zusammenspielen:

- **Mechanische** Sicherungseinrichtungen: Bsp.: einbruchhemmende Tür

Sie trennen den zu schützenden Bereich vom Rest (Bsp.: Öffentlichkeit) und stellen sowohl eine optische als auch tatsächliche Barriere dar. Bei mechanischen Sicherungen sprechen wir von einem **Widerstand** bzw. **Widerstandswert**. Der Widerstandswert ist ein Vergleichswert verschiedener Sicherungen (Türen, Fenster, Zäune) gegen bestimmte Arten von mechanischen Angriffen (Bohrhammer, Brecheisen, Hammer)

Viel wichtiger ist aber der sogenannte **Widerstandszeitwert**. Dieser Wert gibt an, wie lange eine mechanische Sicherung gegen einen Angriff mit Werkzeug bestehen kann. Bsp.: durchschlaghemmende Verglasung im Fenster gegen einen Hammer. Der Widerstandszeitwert sollte immer so bemessen sein, dass entweder die Hilfe leistenden Kräfte agieren können oder der Täter zur Aufgabe gezwungen wird, da beispielsweise die Tat Aufmerksamkeit auf sich ziehen könnte.

- **Elektronische** Sicherungstechnik:

Elektronische Komponenten ersetzen mehr und mehr die Notwendigkeit menschlicher Anwesenheit. Früher hat eine Person den Zutritt zum Gebäude geregelt. Heute übernimmt das beispielsweise ein Drehkreuz in Kombination mit einem Zutrittskontrollsystem. Zeitgleich kann über dieses System kontrolliert, dokumentiert, geschützt und überwacht werden. Hauptaugenmerk liegt auf **Überwachung** und der frühen **Erkennung von Gefahrenzuständen** sowie deren **Ermittlung** (was, wo?) sowie **Weitergabe** (Meldung).

- **Organisatorische** Maßnahmen:

Organisatorisch bedeutet hier alles, was nicht von der Technik oder Mechanik übernommen werden kann. Hier sind unter anderem auch **personelle Maßnahmen** wie Revierstreifen oder Alarmverfolgung gemeint. Es zählt aber auch alles außen herum hinzu – von der Konzeption, Planung, Einbau, Durchführung, Unterweisung des Personals, Schulung des Personals bis hin zur Wartung der Anlagen. Eben alles, was weder mechanisch noch elektronisch gesichert oder durchgeführt werden kann.

## Mechanische Sicherungseinrichtungen

**Umfriedungen** oder auch Einfriedungen markieren oftmals Grundstücksgrenzen.

**Mauern**

- hoher Widerstandszeitwert
- hohe Anschaffungskosten
- Sichtbehinderung
- Schutz vor Übersteigen möglich
- Schutz vor Unterkriechen/Untergraben möglich
- Schutz vor Durchdringen
- zusätzliche Kronensicherung möglich

**Zäune**

- hoher Widerstandszeitwert (je nach Zaunart)
- überschaubare Anschaffungskosten
- keine Sichtbehinderung (je nach Zaunart)
- Schutz vor Übersteigen möglich
- Schutz vor Unterkriechen/Untergraben möglich
- Schutz vor Durchdringen (je nach Zaunart)
- zusätzliche Kronensicherung möglich

**Hecken**

- relativ günstig
- geringer Widerstandszeitwert
- geringer Schutz vor Übersteigen
- keine Kronensicherung möglich
- Schutz vor Unterkriechen möglich

**Schutz vor Unterkriechen:** Als Schutz vor Unterkriechen wird bezeichnet, wenn alle Elemente einer Umfriedung mindestens **0,3 m** in den Boden hineinragen und dort verankert werden.

**Schutz vor Untergraben:** Als Schutz vor Untergraben wird bezeichnet, wenn alle Elemente einer Umfriedung mindestens **0,8 m** in den Boden hineinragen und dort verankert werden.

**Schutz vor Übersteigen:** Als Schutz vor Übersteigen wird bezeichnet, wenn die Umfriedung eine ausreichende Höhe besitzt. Es werden **2,5 m** empfohlen. Zusätzlich kann ein Überstiegschutz (sog. Kronensicherung angebracht werden).

**Kronensicherung:** zusätzlicher Überstiegschutz. Bsp.: Y-Ausleger, S-Draht-Rollen

**Übersicht der Anforderungen an Zäune:**

- Schutz vor Übersteigen
- Schutz vor Unterkriechen
- Schutz vor Untergraben
- allgemeine Standfestigkeit
- innere Stabilität
- Kronensicherung
- Überschaubarkeit der Zaunanlage
- Schutz vor Durchdringen
- Schutz vor Durchreichen

**Durchlässe:** Als Durchlässe bezeichnen wir geplante Lücken in Umfriedungen. Diese stellen Zugangsmöglichkeiten dar. Um die Umfriedung nicht sinnlos zu machen, gibt es auch hier Barrieren:

- Schranken (Ordnungsfunktion)
- Durchfahrtssperren (für Risikobereiche)
- Tore
  - Schiebetore
  - Rolltore
  - Schwingtore
  - Hubtore
  - Senktore
  - Flügeltor

## Schlösser

Schlösser dienen der **Zutrittskontrolle**.

Vereinfacht: Wer einen Schlüssel hat, darf rein (Ausnahme: falsche Schlüssel, Einbruch etc.). Da jeder das beste Schloss entwickeln möchte und die Technik immer weiter voranschreitet, gibt es mittlerweile eine Vielzahl von **Schlossarten**:

- Buntbartschloss (nach einer Vielzahl von Schlüsselbärten)
- Besatzungsschloss
- Zuhaltungsschloss (Chubb-Schloss)
- Kombinationsschloss
- Zylinderschloss (häufigste und gängigste Schlossart)

**Sicherheitsanforderungen** an Schlösser:

- Betriebssicherheit (zuverlässiges Funktionieren)
- Nachschließsicherheit (Schutz gegen falsche oder ähnliche Schlüssel)
- Aufsperrsicherheit (Schutz gegen das Nutzen von Werkzeugen)
- Abbruchfestigkeit (verhindert das „Brechen" des Schlosses)
- Aufbohrschutz
- Kernziehfestigkeit (verhindert das Herausziehen des Schlosses)

## Elektronische Sicherungstechnik

Um den personellen Aufwand zu reduzieren, nutzt man elektronische Sicherheitstechnik. Diese ist vom Alltag des Sicherheitsdienstes nicht mehr wegzudenken und gliedert sich hauptsächlich in:

**Gefahrenmeldeanlagen (GMA)**

Aufbau:

- Melder (Sensoren)
- Meldelinien
- Meldezentrale
- Stromversorgung
- Signalgeber
- Zusatzgeräte
- Scharfschalteinrichtung

**Einbruchmeldeanlagen (EMA)**

Arten der Melder:

- elektro-mechanische Melder
    - Riegelkontakt
    - Magnetkontakt
    - Erschütterungskontakt
    - Alarmdrahttapete
    - Alarmdrahtglas
    - Spanndrahtmelder

- elektro-akustische Melder
    - passiver Glasbruchmelder
    - aktiver Glasbruchmelder
    - Ultraschallbewegungsmelder
    - Körperschallmelder

- elektro-optische Melder
    - Infrarotbewegungsmelder
    - Infrarotschranke

- elektrische Melder
    - kapazitiver Feldveränderungsmelder
    - Mikrowellenbewegungsmelder
    - Mikrowellenrichtstrecke

**Überfallmeldeanlagen (ÜMA)**

ÜMAs sind keine automatischen Meldeanlagen und müssen über einen manuellen Melder ausgelöst werden.

Diese manuellen Melder können sein:

- Taster
- Kontaktschiene
- Geldscheinkontakt
- Tretleisten
- Notrufcodierungen

**Brandmeldeanlagen (BMA)**

BMAs nutzen automatische Melder, um Brände zu erkennen und diese zu melden sowie um ggf. zeitgleich eine Löschanlage auszulösen.

Es gibt eine Vielzahl von Meldern:

- Rauchmelder
    - Streulichtmelder
    - Ionisationsmelder
- Flammenmelder
    - Infrarot-Flammenmelder (aktiv/passiv)
    - Ultraviolett-Flammenmelder
- Wärmemelder
    - Thermomaximalmelder
    - Thermodifferenzialmelder

## Kommunikationsmittel

Grundlegend gibt es zwei Arten der technischen Kommunikation im Dienst: drahtgebundene und drahtlose Kommunikation.

**Drahtgebundene Kommunikation** (Kabelnetze zur Sprach- und Datenübermittlung)

Vorteile:

- hohe Zuverlässigkeit (einflussfrei von „atmosphärischen Störungen")
- kaum mit-/abhörbar

Nachteile:

- hoher Aufwand, da ein stationäres Netz benötigt wird
- keine Mobilität, da immer feste Sprechstellen benötigt werden

**Drahtlose Kommunikation** (Funknetz)

Vorteile:

- geringer Aufwand
- mobil von überall einsetzbar
- immer der aktuelle Informationsaustausch

Nachteile:

- offener Funk (kann mitgehört werden)
- anfällig für atmosphärische Störungen
- „Funklöcher" – Bereiche, in denen keine Netzabdeckung herrscht (ähnlich den bekannten Mobiltelefonen)
- Interferenzen (Überlagerung der Funkwellen beim Einsatz mehrerer Funkgeräte)

**Merke**: Es gilt möglichst schon bei der Konzipierung des Auftrags eine entsprechende Kommunikation sicherzustellen. Man kann selbstverständlich die beiden Arten der Kommunikation zeitgleich nutzen – sollte dies erforderlich anstatt lästig sein.

## Betriebsfunk

Ein Betriebsfunk muss bei der zuständigen Behörde angemeldet und genehmigt werden. Von der Behörde werden dann sowohl die Sendefrequenz als auch der Rufname zugeteilt. Der Betriebsfunk ist somit **erlaubnispflichtig.**

Der Betriebsfunk unterteilt sich in zwei Arten und weist die jeweils aufgeführten Eigenschaften auf:

**Betriebsfunk**

- Reichweite je nach Umland zirka 20 km um den Antennenstandrot
- Antenne muss vom Betreiber beantragt, aufgebaut und gewartet werden.
- Gemeinschaftskanäle, d.h. die Verbindung ist nicht immer gesichert. Sie kann mitgehört werden.
- Eine Nutzung des Telefonnetzes zur Verbesserung der Sendeleistung ist nicht möglich.

**Bündelfunk**

- Reichweite bis zu 200 km
- mehrere Antennenstandorte, welche von einem Netzbetreiber aufgebaut und gewartet werden
- Exklusiver Rufkanal für die Dauer der Sprechverbindung, d.h. es erfolgt kein Mithören durch Dritte.
- Nutzung des Telefonnetzes ist möglich.

## Handfunkgeräte

Die Handfunkgeräte bilden ein klassisches Hilfsmittel zur Kommunikation und stellen ebenfalls ein **Element der Eigensicherung** dar. Mit Hilfe der Handfunkgeräte können sich Mitarbeiter untereinander austauschen oder Meldungen gemäß den internen Richtlinien absetzen.

Bei Dienstbeginn ist die Funktionsfähigkeit des Geräts immer sicherzustellen. Am besten arbeitet man eine kleine „Checkliste" ab:

- äußere Beschädigungen?
- Ladezustand des Akkus?
- Bauteile (z. B. Antenne) fest an ihrer Position?
- alle Funktionen bedienbar und intakt?
- Sprechprobe gemäß der Funkdisziplin

**Grundfunktionen** sind:

- rufen
- senden
- empfangen

Einige Funkgeräte weisen noch **zusätzliche Funktionen** auf. Diese können sein:

- Kanalwahlschalter
- Notruftaste
- Display
- numerische Tastatur
- Selektivruftaste
- **Sendetaste**
- **Lautstärkeregelung**

Wobei die fett markierten Punkte das absolute Minimum sind und bei jedem Spielzeugfunkgerät (Walkie-Talkie) zu finden sind.

# Brandschutz

Auch die Thematik Brandschutz findet sich im Bereich der Sicherheitstechnik wieder. Man unterscheidet grundsätzlich zwischen dem baulichen (vorbeugenden) Brandschutz und dem abwehrenden Brandschutz.

Anmerkung: Welche Faktoren müssen erfüllt sein, damit ein Brand überhaupt entstehen kann? Wir benötigen hierfür ein brennbares Material (z. B. Holz) und Sauerstoff. Stehen die beiden Faktoren im richtigen Verhältnis (sog. „zündfähiges Gemisch), reicht eine Zündquelle (z. B. ein Funke) aus, um einen Brand entstehen zu lassen.

## Baulicher Brandschutz

Der bauliche Brandschutz wird unter dem TOP (technisch/organisatorisch/personell)-Prinzip aufgearbeitet. Zuvor müssen jedoch diese baulichen Bedingungen erfüllt sein.

**Bauliche Maßnahmen:**

- widerstandsfähige und schwer entflammbare Baumaterialien
- Trennung in Brandabschnitte durch Brandwände
- Berücksichtigung der Schutzwerte elektrischer Betriebsmittel
- Anlegen und deutliches Kennzeichnen von Flucht- und Rettungswegen
- Einbau von Löschanlagen (stationär)

**Technische Maßnahmen:**

- Ausstattung mit Handfeuerlöschern (Art: siehe Brandklassen)
- Bereitstellung von Löschmitteln (z. B. Löschdecke)
- Wartung und Pflege von Versorgungseinrichtungen und Löschmitteln
- Installation von Brandmeldeanlagen
- Installation von stationären Feuerlöschanlagen (z. B. Sprinkleranlage)

**Organisatorische Maßnahmen:**

- Gefahrenanalysen
- Brandschutzkonzepte
- Verfahrensanweisungen im Gefahrenfall
- Anbringen von Sicherheitskennzeichnungen
- Prüfung der vorhandenen Systeme
- Aktualisierung und Anpassung auf Änderungen

**Personelle Maßnahmen:**

- Schulung und Unterweisung der Mitarbeiter
- Evakuierungsübungen
- Bestellung von Ersthelfern und Brandschutzbeauftragten
- Übungen im Umgang mit Feuerlöscher und anderen Löschmitteln
- regelmäßige Brandschutzkontrollen

## Abwehrender Brandschutz

Der abwehrende Brandschutz beschreibt alle Tätigkeiten, die mit der aktiven oder passiven Brandbekämpfung zu tun haben und beginnt bereits bei der Feststellung und Meldung eines Entstehungsbrandes.

Weitere Maßnahmen, welche bereits dem abwehrenden Brandschutz zugeschrieben werden:

- Brandlöschung
- Zugangssicherung
- Einweisung der Feuerwehr
- Überwachung von Brandherden
- Schadensbegrenzung

## Brandklassen

Ein Brand kann einer der fünf Brandklassen angehören. Die Art des Brennstoffs bestimmt die Zuteilung. Sinn der Unterteilung in Brandklassen ist ein möglichst geeignetes Löschmittel zu finden.

| Brandklasse | Art des Brennstoffs | Geeignetes Löschmittel |
|---|---|---|
| **A** | brennbare organische Stoffe, welche unter Glutbildung verbrennen (Holz, Kohle, Papier) | Wasser<br>Schaum<br>ABC-Pulver |
| **B** | brennbare Flüssigkeiten sowie flüssig werdende Stoffe (Benzin, Fette, Öl) | Schaum<br>ABC-Pulver<br>$Co^2$ |
| **C** | brennbare gasförmige Stoffe (Azetylen, Erdgas, Wasserstoff, Methan) | ABC-Pulver<br>$CO^2$<br>Inergen |

| | | |
|---|---|---|
| **D** | brennbare Metalle (Aluminium, Magnesium, Lithium, Kalium) | Metallbrandpulver<br>trockener Sand<br>Gussspäne<br>Glasperlen |
| **F** | Fettbrände (Speiseöl, Frittierfett) | Spezielle Fettbrandlöscher oder Löschdecken. Die Eignung ist auf dem entsprechenden Löschmittel angegeben. |

Die speziellen Löschmittel versuchen am Brand immer einen jeweiligen Löscheffekt zu erzielen. Diese sind:

- **Kühl**effekt: Kühlung des Brennstoffs bis unter die Zündtemperatur
- **Stick**effekt: Verdrängen des Sauerstoffs (Ersticken der Flamme)
- **Hemm**effekt: Störung des chemischen Prozesses beim Verbrennen

## Handfeuerlöscher – was man wissen muss

- Standorte der Feuerlöscher müssen immer gekennzeichnet sein.
- Der Feuerlöscher muss ordnungsgemäß mittels Wandhalterung angebracht werden.
- Der Standort muss für jedermann sichtbar und erreichbar gewählt werden.
- Die Brandklasse muss richtig zugeordnet sein. (Beispiel: Inergen-Löschmittel im Chemielabor)
- Der Behälter darf keine Korrosion oder sichtbare Beschädigungen aufweisen.
- regelmäßige Prüfung laut Prüfplakette (alle zwei Jahre)
- Verplombung und Unversehrtheit müssen gewährleistet werden.
- Lesbare Einsatzhinweise (Anleitung) und technische Daten müssen vermerkt sein.

## Weitere Sachkundeprüfung Testfragen

1. Welches Recht gilt als Grundrecht?
a) Allgemeines Persönlichkeitsrecht
b) Arbeitsrecht
c) Eherecht
d) Handelsrecht

2. In einem Rechtsstaat
a) dürfen Politiker nicht verhaftet werden.
b) dürfen rechtliche Normen nicht rückwirkend gelten.
c) darf das Vertrauen des Volkes nicht missachtet werden.
d) darf die Verfassung nicht verändert werden.

3. Auf welchem Recht basieren die meisten Rechtssysteme in Europa?
a) Römisches Recht
b) Griechisches Recht
c) Menschenrechte
d) Europäisches Recht

4. In welchem Alter ist man rechtsfähig und beschränkt geschäftsfähig?
a) ab der Geburt
b) ab 6 Jahren
c) ab 18 Jahren
d) mit 7 Jahren

5. Was regelt die Gewerbeordnung?
a) Vorschriften und Verordnungen für diverse Gewerbe
b) Anträge von Handwerksgewerben
c) die Grundlagen des Sicherheitsgewerbes
d) nur die Handlungen zwischen Gewerben

6. Für wen gilt die Datenschutzgrundverordnung DSGVO?
a) Weltweit
b) Für alle Staaten der EU
c) Nur für Deutschland
d) Sensible Daten

7. Was darf ein Sicherheitsmann, wenn der Kunde einer Bar nicht zahlen kann?
a) keine persönlichen Daten aufnehmen
b) Daten des Personalausweises notieren
c) Den Personalausweis einbehalten
d) Die Person durchsuchen

8. Bei der versehentlichen Beschädigung des Fahrrades des Nachbarn fehlt welcher Bestandteil einer Straftat?
a) objektiver Tatbestand
b) subjektiver Tatbestand
c) Schuld
d) Täter

9. Die Festnahmemöglichkeit im StGB/StPO wird ... genannt?
a) Feststellung
b) Vorläufige Festnahme
c) Festnahme
d) Notwehr

10. Ein Waffenschein berechtigt den Inhaber zum
a) Schießen mit einer Waffe
b) Besitzen einer Waffe
c) Kauf einer Waffe
d) Führen einer Waffe

11. Was wird in der Allgemeinen Dienstanweisung gemäß Unfallverhütungsvorschrift DGUV Vorschrift 23, Wach- und Sicherungsdienste, geregelt?
a) Die Lohnfortzahlung im Krankheitsfall
b) Das Verhalten bei objektbezogenen Gefahren
c) Die Grundsätze der Eigensicherung

12. In welchem Fall wird im Sinne des WaffG eine Waffe „überlassen"?
a) Ein Sportschütze hat nach Abhandenkommen seiner Waffe diese nach kurzer Zeit wiedererlangt.
b) Eine Person findet eine Schusswaffe und nimmt diese an sich.
c) Ein Waffenhändler überreicht dem Käufer die bezahlte Schusswaffe.

13. Was regelt das BGB?
a) Es regelt die Voraussetzungen für eine Straftat und deren Rechtsfolgen für den Täter.
b) Es regelt die Beziehungen zwischen dem Staat als Träger der öffentlichen Gewalt und den Bürgern.
c) Es regelt z. B. die rechtlichen Beziehungen von Privatpersonen untereinander.

14. Was musst du nach der DGUV Vorschrift 23 beachten, wenn du dienstliche Ausrüstungsgegenstände verwendest?
a) Ich darf nur Ausrüstungsgegenstände einsetzen, die auf dem neuesten technischen Stand sind.
b) Ich muss darauf achten, dass meine Bewegungsfreiheit durch am Körper getragene Ausrüstungsgegenstände so wenig wie möglich beeinträchtigt wird.
c) Ich muss die von mir eingesetzten Ausrüstungsgegenstände in regelmäßigen Abständen reinigen und pflegen.

15. Musst du als Wachperson Vorgaben beachten, wenn bei der Erfüllung deiner Aufgaben die Anwendung von Gewalt notwendig ist?
a) Ja, ich hole vorher von meinem Auftraggeber die Erlaubnis für die Anwendung von Gewalt ein, um mich gegen spätere Schadensersatzansprüche abzusichern.
b) Nein, ich muss keine Vorgaben beachten, wenn ich erkennen kann, dass obrigkeitliche Hilfe, z. B. durch die Polizei, nicht zu erwarten ist.
c) Ja, ich muss die Grundsätze der Erforderlichkeit und der Verhältnismäßigkeit beachten

16. Wie kann in einem Gespräch der „Sender" einer „Botschaft" sicherstellen, dass er vom „Empfänger" richtig verstanden wurde?
a) Sich wichtige Aussagen und Hinweise vom Empfänger wiederholen lassen.
b) Sehr laut sprechen, damit er sicher ist, dass die Botschaft gekommen ist.
c) Sehr leise sprechen, damit andere nicht mithören können und der Empfänger erkennt, dass nur er gemeint wird.

17. Welche Aussage zum Führen von Diensthunden ist gemäß der DGUV Vorschrift 23 richtig?
a) Der Hund darf außerhalb des Zwingers von Hundeführer zu Hundeführer übergeben werden, wenn der Hund geprüft ist.
b) Bei der Begegnung mit anderen Personen muss der angeleinte Hund fest an der kurzen Leine so geführt werden, dass er die Personen nicht erreichen kann.
c) Hunde dürfen von mehreren Hundeführern auch dann eingesetzt werden, wenn sie unterschiedliche Kommandos verwenden.

18. Welche Aussage zu Schließanlagen ist richtig?
a) Bei einer gut organisierten Schließanlage sollte jeder nur den Schlüssel besitzen, der ihm die Tür öffnet, für die er zutrittsberechtigt ist.
b) Bei Schließanlagen, die in Unternehmen und Behörden eingebaut werden, ist eine Genehmigung der zuständigen Baubehörde erforderlich.
c) Bei einer Generalhauptschlüsselanlage gewährt der Generalhauptschlüssel nur den Zugang zu Betriebsräumen.

19. Um einen flüchtigen Dieb aufzuhalten, ruft eine Wachperson „Polizei - Halt! Stehen bleiben - oder ich schieße!". Hat sich die Wachperson gemäß StGB strafbar gemacht?
a) Ja, wegen versuchter Freiheitsberaubung
b) Ja, wegen Amtsanmaßung
c) Ja, wegen versuchter Erpressung

20. Worauf kommt es bei der Zusammenarbeit im Team an?
a) Ohne Abstimmungen mit den anderen Teammitgliedern Aufgaben zu erledigen.
b) Die Führung eines Teams zu übernehmen und dabei die Meinung der Teammitglieder zu ignorieren.
c) Fähigkeiten und Fertigkeiten zu bündeln und dabei die Stärken des Einzelnen zu nutzen.

21. Wo ist in einem Kaufhaus die Videoüberwachung zur Wahrnehmung des Hausrechts erlaubt?
a) In Umkleideräumen
b) In den Verkaufsräumen
c) In Toiletten

## Lösungen: Weitere Sachkundeprüfung Testfragen

| |
|---|
| 1. a) |
| 2. b) |
| 3. a) |
| 4. d) |
| 5. a) und c) und d) |
| 6. b) |
| 7. b) |
| 8. b) |
| 9. b) |
| 10. d) |
| 11. c) |
| 12. c) |
| 13. c) |
| 14. b) |
| 15. c) |
| 16. a) |
| 17. b) |
| 18. a) |
| 19. b) |
| 20. c) |
| 21. b) |

# Bonus: Informative Online-Inhalte und Communities

**Hunderte kostenlose Online-Tests**
www.plakos.de

**Online-Trainings und weitere Informationen**
www.plakos-akademie.de